WISSEN FÜR DIE PRAXIS

Weiterführend empfehlen wir:

Aktuelles Straßenverkehrs-
recht
Kommentar zum Straßen-
verkehrsrecht, 3 Ordner
inkl. Online-Dienst
für Abonnenten
ISBN 978-3-8029-2012-7

Kraftverkehrskontrolle
Kommentar zu Logistik, Transport
und Verkehr, 2 Ordner inkl.
Online-Dienst für Abonnenten
ISBN 978-3-8029-2055-4

App zum Straßenverkehrsrecht für iOS und Android

Straßenverkehrsgesetze
kompakt

StVG: Bußgeldkatalog kompakt
für Android

Weitere Titel unter: www.WALHALLA.de

Wir freuen uns über Ihr Interesse an diesem Buch. Gerne stellen wir Ihnen
zusätzliche Informationen zu diesem Programmsegment zur Verfügung.
Bitte sprechen Sie uns an:
E-Mail: WALHALLA@WALHALLA.de
http://www.WALHALLA.de
Walhalla Fachverlag · Haus an der Eisernen Brücke · 93042 Regensburg
Telefon 0941 5684-0 · Telefax 0941 5684-111

Walhalla Fachredaktion

Der neue Bußgeldkatalog 2021/2022

Bibliografische Information der Deutschen Nationalbibliothek
Die Deutsche Nationalbibliothek verzeichnet diese Publikation in
der Deutschen Nationalbibliografie; detaillierte bibliografische Daten sind
im Internet über http://www.dnb.de abrufbar.

Zitiervorschlag:
Der neue Bußgeldkatalog 2021/2022,
Walhalla Fachverlag, Regensburg 2022

Hinweis: Unsere Werke sind stets bemüht, Sie nach bestem Wissen
zu informieren. Alle Angaben in diesem Buch sind sorgfältig
zusammengetragen und geprüft. Durch Neuerungen in der
Gesetzgebung, Rechtsprechung sowie durch den Zeitablauf
ergeben sich zwangsläufig Änderungen. Bitte haben Sie deshalb
Verständnis dafür, dass wir für die Vollständigkeit und Richtigkeit
des Inhalts keine Haftung übernehmen.
Bearbeitungsstand: Dezember 2021

1. Auflage

Produktion: Walhalla Fachverlag, 93042 Regensburg
Printed in Germany
ISBN 978-3-8029-1841-4

Inhaltsverzeichnis

1.

Der neue Bußgeldkatalog 2021

Was im Jahr 2020 fehlschlug, ist nun doch rechtswirksam in Kraft getreten: die Änderung der Bußgeldkatalog-Verordnung (BKatV) durch die Erste Verordnung zur Änderung der Bußgeldkatalogverordnung vom 13.10.2021, in Kraft getreten am 9.11.2021 (BGBl. I S. 4688). Damit drohen Autofahrern in den meisten Fällen künftig höhere Bußgelder als bisher. Auch sind neue Tatbestände hinzugefügt worden zum Schutz der Umwelt, Radfahrer und beeinträchtigter Menschen.

Im Folgenden wird ein **Überblick über die Neuerungen** gegeben sowie eine Einführung zu den Straßenverkehrsordnungswidrigkeiten und daran anschließend erklären anschauliche **Schemata** zum Bußgeldkatalog das System der Sanktionen und Rechtsmittel hiergegen.

Das Kernstück dieses Ratgebers bildet freilich die **Anlage zur BKatV**, die den eigentlichen **Bußgeldkatalog (BKat)** darstellt. Dort sind, nach Tatbestandsnummern geordnet, die unterschiedlichsten Ordnungswidrigkeiten im Straßenverkehr mit dem zu erwartenden Bußgeld, etwaigem Fahrverbot und ggf. mit zu erteilenden Punkten aufgelistet.

Auch finden sich auszugsweise **Bußgeldkataloge zum Fahrpersonal**.

In einer **alphabetisch geordneten Übersicht** können zum schnellen Auffinden die Tatbestände den Nummern des BKat zugeordnet werden.

2.

Die Systematik zwischen dem OWiG, dem StVG und der StVO

Grundsätzlich sind Ordnungswidrigkeiten – unabhängig in welchem Lebensbereich diese begangen werden – nach dem Gesetz über Ordnungswidrigkeiten (OWiG) zu behandeln, vgl. § 2 OWiG i. V. m. § 1 Abs. 1 OWiG.

Für Ordnungswidrigkeiten, die im Straßenverkehr begangen wurden, gibt es jedoch auch eigenständige Regelungen, die die allgemeinen Normen des OWiG teilweise abändernd ausgestalten:

So ist beispielsweise in § 26 Abs. 3 StVG eine eigene Verfolgungsverjährungsfrist von drei Monaten nach Beendigung der Tathandlung festgelegt. Demgegenüber beträgt die regelmäßige Verjährungsfrist nach § 31 Abs. 2 OWiG sechs Monate.

Abweichend von § 17 Abs. 1 OWiG kann bei Straßenverkehrsordnungswidrigkeiten ein Bußgeld auch von mehr als 1000 Euro festgesetzt werden (vgl. bspw. TB-Nr. 241.2 BKat: wiederholter eingetragener Verstoß gegen 0,5-Promille-Grenze = 1500 € + 3 Monate Fahrverbot + 2 Punkte).

Rechtsgrundlage für die Verfolgung von Ordnungswidrigkeiten

In § 3 OWiG ist festgelegt, dass es für jede Verfolgung einer Ordnungswidrigkeit einer gesetzlichen Erlaubnis für die Ahndung bedarf. Eine solche Rechtsgrundlage findet sich in §§ 24, 24a, 24b, 24c StVG. Zu beachten ist hier, dass die §§ 24 und

24b StVG selbst keinen eigenen Tatbestand einer Ordnungswidrigkeit beinhalten. Vielmehr müssen diese beiden Normen als sog. Blankettvorschriften durch eigene Ordnungs-
widrigkeitentatbestände ausgefüllt werden (*Mergenthaler*, in:
Aktuelles Straßenverkehrsrecht, § 24 StVG Rn. 3).

Tatbestände für Ordnungswidrigkeiten

§ 24 StVG verweist bezüglich der Ordnungswidrigkeitentat-
bestände auf diejenigen Vorschriften, die auf Grundlage der
§§ 6 Abs. 1, 6e Abs. 1 oder 6g Abs. 4 StVG erlassen wurden.
Hierzu zählt insbesondere die StVO (vgl. Verordnung zur
Neufassung der StVO, BGBl. 2013 I S. 367). Dort wiederum findet sich in § 49 StVO ein umfassender Katalog an Tatbeständen, die als Ordnungswidrigkeit verfolgt werden können.

Wie strafrechtliche Tatbestände auch, müssen Ordnungswidrigkeiten durch eine vorwerfbare rechtswidrige Handlung
begangen worden sein (*Noak*, in: ZJS 2/2012, S. 176). Der Tatbestand kann dabei sowohl durch Aktives Tun, als auch durch
Unterlassen, mit Vorsatz oder fahrlässig sowie allein oder als
Beteiligter verwirklicht werden (vgl. *Mergenthaler*, in: Aktuelles Straßenverkehrsrecht, § 24 StVG Rn. 9, 12-13, 25).

3.

Der Bußgeldkatalog

In der Systematik der Tatbestände der straßenverkehrsrechtlichen Ordnungswidrigkeiten bildet der BKat eine nicht abschließende (*Bauer*, in: Beck'sche Textausgabe Bußgeldkatalog, S. XXIII) Übersicht der möglichen Ordnungswidrigkeiten.

> **Wichtig für das Verständnis:** Der BKat ist lediglich eine Zumessungsnorm, nicht aber auch die Rechtsgrundlage für die Verfolgung der Ordnungswidrigkeit (*ders.*, S. XVIII).

Der BKat wurde geschaffen, um bundeseinheitliche Regelsätze festzulegen. Die Gerichte und Verwaltungen sollen sich daran orientieren (= **Bindungswirkung**; VG München, Beschl. v. 13. 11. 2012 – M 6a S 12.4725) aber auch den Bürgerinnen und Bürgern wird damit schon im Vorfeld ein Richtwert für die zu erwartende Strafe gegeben.

Systematik des BKat

Der BKat gliedert sich in zwei Abschnitte, in denen eine Unterscheidung in fahrlässig (Abschnitt I) und vorsätzlich (Abschnitt II) begangene Ordnungswidrigkeiten vorgenommen wird. Unter dem jeweiligen Abschnitt sind die einzelnen Tatbestände nach Rechtsgrundlagen geordnet aufgelistet.

Den entsprechenden Tatbeständen sind ein Regelsatz und ein etwaiges Fahrverbot zugeordnet. Dabei geht die Tabelle von der gewöhnlichen Verwirklichung einer Ordnungswidrigkeit aus, d.h. Grundlage ist die durchschnittliche Tatbegehung ohne Hinzutreten besonderer Umstände (sofern solche nicht besonderes Tatbestandsmerkmal sind).

Der Bundeseinheitliche Tatbestandskatalog

Wie sich unschwer aus dem Namen ablesen lässt, soll der Bundeseinheitliche Tatbestandskatalog (**BT-Kat-OWi**) Tatbestände von Ordnungswidrigkeiten im Straßenverkehr für das gesamte Bundesgebiet einheitlich festlegen. Im Zusammenspiel mit der BKatV wird so die bundeseinheitliche Behandlung von straßenverkehrsrechtlichen Ordnungswidrigkeiten umfassend garantiert (*Bauer*, in: Beck'sche Textausgaben Bußgeldkatalog, S. XXXIV). Die gewollte Vereinheitlichung hindert aber die Länder nicht daran, eigene Tatbestände hinzuzufügen (*ders.*, S. XXXV).

Wichtig: Der BT-Kat-OWi dient lediglich den Behörden und Polizeidienstkräften zur Vereinheitlichung der Behandlung und Erfassung von Ordnungswidrigkeiten, entfaltet aber weder Wirkung für den Betroffenen noch sind die Gerichte an diese bloße verwaltungsinterne Richtlinie gebunden (OLG Hamm, Beschl. v. 24.3.2009 – 3 Ss OWi 844/08, m. w. N.; *Strohmayer*, in: Aktuelles Straßenverkehrsrecht, § 26a StVG Rn. 1).

Sanktionen der BKatV

RF	Verwarnung	Verwarngeld	Bußgeld	Regelfahrverbot
PV	Unbedeutende Ordnungswidrigkeit nach § 24 StVG	**Geringfügige Ordnungswidrigkeiten nach den §§ 24, 24a und 24c StVG**	**Ordnungswidrigkeiten nach den §§ 24, 24a und 24c StVG** **Grob verkehrswidriges Verhalten, Rücksichtslosigkeit**	Grobe Verletzung der Pflichten eines Kraftfahrzeugführers[1] Beharrliche Verletzung der Pflichten eines KFZ-Führers[2] OWi nach § 24a StVG
TB I	i. d. R. max. 35 € festgesetzt	5-55 € festgesetzt	Mehr als 55 € (= md. 60 €) festgesetzt	Erteilung eines Bußgelds
TB II	Geringfügige OWi, d. h. unter Berücksichtigung der Bedeutung der OWi und des Grads der Vorwerfbarkeit		Bei **unmittelbarer Gefährdung der Sicherheit des Straßenverkehrs** wird neben dem Bußgeld auch (md.) ein Punkt im FAER eingetragen	Immer nur für bestimmte Dauer festzusetzen Prüfung, ob Ausnahme (erhöhtes Bußgeld) nach § 4 Abs. 4 BKatV möglich
RGL	§ 2 Abs. 1 und 2 BKatV § 56 Abs. 1 OWiG	§§ 1 Abs. 1, 2 Abs. 3 BKatV	§ 3 BKatV	§ 4 BKatV
RM	–	– (nur indirekt möglich über „Abwarten" des Bußgeldbescheids)	Einspruch § 67 Abs. 1 OWiG	Einspruch § 67 Abs. 1 OWiG (i. V. m. § 65 OWiG)

RF = Rechtsfolge (hier: Sanktion)
PV = Pflichtverletzung
TB = Tatbestand (TB I: nach Anl. BKatV)

RGL = Rechtsgrundlage (Achtung: RGL im eigentlichen Sinn sind §§ 24, 24a, 24c StVG)
RM = Rechtsmittel/ Rechtsbehelf

---

[1] Tatbestand der Nr. 9.1-9.3, 11.1-11.3 (jeweils i. V. m. Tabelle 1 des Anhangs), Nr. 12.6.3, 12.6.4, 12.6.5, 12.7.3, 12.7.4, 12.7.5 (der Tabelle 2 des Anhangs), Nr. 19.1.1, 19.1.2, 21.1, 21.2, 39.1, 41, 50, 50.1, 50.2, 50.3, 50a, 50a.1, 50a.2, 50a.3, 135, 135.1, 135.2, 83.3, 89b.2, 132.1, 132.2, 132.3, 132.3.1, 132.3.2, 152.1 oder Nr. 244, 246.2, 246.3 oder 250a verwirklicht.

[2] In der Regel bei Gefährdung/Sachbeschädigung oder wiederholter Begehung.

Erteilung eines Verwarngeldes

Zuständigkeit	▨ § 35 Abs. 2 OWiG: Verwaltungsbehörde → § 26 Abs. 1 StVG: die Behörde oder Dienststelle der Polizei, die von der Landesregierung durch Rechtsverordnung näher bestimmt wird (zentrale oder regionale Bußgeldstelle)
	▨ Polizei, bei Verfolgung der OWi im ersten Zugriff: § 57 Abs. 2 OWiG
	▨ Ermächtigte Personen: § 57 Abs. 1 OWiG
Verfahren, Form	▨ OWi nach äußerem Erscheinungsbild gegeben
	▨ Mündliche oder schriftliche Erteilung der Verwarnung
	▨ Ggf. Ausweisung der Ermächtigungspersonen
	▨ Belehrung über Verweigerungsrecht
	▨ Zustimmung des Betroffenen + Zahlung des Verwarngeldes
RGL	§ 56 Abs. 1 OWiG
TB	OWi nach §§ 24, 24a, 24c StVG (TB + RW + Schuld)
	Bußgeld bis max. 55 € in Anlage BKatV für begangene OWi festgelegt
Ermessen	▨ Opportunitätsprinzip, § 47 Abs. 1 OWiG: Jederzeitige Beendigung des Verfahrens möglich (KEIN Verfolgungszwang) → unverhältnismäßiger Aufwand der Ermittlung, Zweck des Verwarngelds durch Festsetzung dessen nicht erreichbar
	▨ Abweichung vom Regelfall (gewöhnliche Tatumstände): ggf. abweichende Bußgeldfestlegung je nach Einzelfall
	▨ Bloße **Verwarnung**: Geringfügige OWi, d. h. unter Berücksichtigung der Bedeutung der OWi und des Grads der Vorwerfbarkeit
	↓
	Festsetzung des Verwarngelds (5 € bis max. 55 €): nach Anlage BKatV

Erteilung eines Bußgeldbescheids

Zuständig-keit	§ 35 Abs. 2 OWiG: Verwaltungsbehörde → § 26 Abs. 1 StVG: die Behörde oder Dienststelle der Polizei, die von der Landesregierung durch Rechtsverordnung näher bestimmt wird (zentrale oder regionale Bußgeldstelle)
Verfahren	OWi (nach Aktenlage) für erwiesen gehalten
	Keine Verfolgungsverjährung: gem. § 26 Abs. 3 StVG nach 3 Monaten
	Keine Verfahrenshindernisse: § 56 Abs. 4 OWiG
Form	▦ Schriftlich + Unterschrift
	▦ Inhalt nach § 66 Abs. 1 OwiG:
	– Angaben zur Person + ggf. Name/Anschrift d. Verteidigers
	– Genaue Tatumstände + Angabe d. Beweismittel (~ Begründung)
	– Angewandte Bußgeldvorschriften
	– Höhe der Geldbuße + ggf. Nebenfolgen
	– Zahlungsaufforderung
	– Belehrung
	▦ Zustellung nach § 51 OWiG → Verwaltungszustellungsgesetz (der Länder)
RGL	§ 65 OWiG
TB	OWi nach §§ 24, 24a, 24c StVG (TB + RW + Schuld) + grob verkehrswidriges und/oder rücksichtsloses Verhalten
	Bußgeld von mehr als 55 € in Anlage BKatV für begangene OWi festgelegt
Ermessen	▦ Opportunitätsprinzip, § 47 Abs. 1 OWiG: Jederzeitige Beendigung des Verfahrens möglich (KEIN Verfolgungszwang) → unverhältnismäßiger Aufwand der Ermittlung, Zweck der Geldbuße durch Bußgeldfestsetzung nicht erreichbar
	▦ Abweichung vom Regelfall (gewöhnliche Tatumstände): ggf. abweichende Bußgeldfestlegung je nach Einzelfall
	↓
	Festsetzung des Bußgelds (md. 60 €) → nach Anlage BKatV
	+ Gebühren und Auslagen i. R. d. Erteilung des Bußgeldbescheids
	+ ggf. Kosten für Halterermittlung, § 25a StVG (bei Halte- oder Parkverstoß)
	+ ggf. Festsetzung eines Fahrverbots
	+ ggf. 1 Punkt bis 2 Punkte → nach BT-Kat-OWi

3

Festlegung der Höhe der Geldbuße

Verwirklichter Tatbestand		
§§ 24a, 24c StVG oder ein Tatbestand aus dem Katalog des § 49 StVO verwirklicht		

↓

Geldbuße nach BKat		
Tatbestand ist in BKat aufgeführt oder zumindest ein ähnlicher Tatbestand	Ordnungswidrigkeit führt zu Gefährdung oder Sachbeschädigung (nicht schon im TB der OWi enthalten)	
↓	↓	
Regelsätze (= Bußgeld auf Grundlage gewöhnlicher Tatumstände)	Regelsätze nach Anhang – Tabelle 4	

↓

Ungewöhnliche Tatumstände?	
Abweichung nach unten	**Abweichung nach oben**
Die Tatumstände erscheinen harmloser im Vergleich zu den regelmäßigen Tatumständen	Die Tatumstände erscheinen schwerwiegender/folgenreicher im Vergleich zu den regelmäßigen Tatumständen

↓

Mehrere Tatbestände verwirklicht?		
Mehrheit von Betroffenen	**Tateinheit**	**Tatmehrheit**
Die Verwirklichung eines Tatbestands hat die Rechtsverletzung mehrerer Personen zur Folge	Die einzelnen Tatbestände sind durch dieselbe Handlung verwirklicht worden	Die einzelnen Tatbestände sind durch selbstständige verschiedene Handlungen verwirklicht worden
↓	↓	↓
Die Geldbuße nach dem Regelsatz wird für jede weitere betroffene Person um 75 % erhöht	Der Regelsatz nach dem Tatbestand mit der höchsten Bußgeldandrohung wird um md. 50 % der weiteren Regelsätze erhöht	Es werden die Regelsätze der einzelnen verwirklichten Tatbestände addiert, wobei eine Höchstgrenze nicht vorgesehen ist

Einspruch gegen Bußgeldbescheid

Verwarngeld	Bußgeld/Fahrverbot	
An sich ist KEIN Einspruch möglich → bei Nichtzahlung des Verwarngeldes ergeht Bußgeldbescheid → gegen diesen Bußgeldbescheid kann Einspruch erhoben werden	Vorverfahren → Ermittlung des Sachverhalts durch zuständige Behörde → Einstellung, Verwarnung, Verwarngeld, Bußgeld	
	Bußgeldbescheid	
	↓	
	Einspruch nach § 67 Abs. 1 OWiG	
	zulässig	**unzulässig**
	Form und Frist eingehalten: § 67 Abs. 1 OWiG Befugnis zum Einspruch: Betroffener, Verteidiger, gesetzliche Vertreter § 67 Abs. 1 OWiG, § 67 Abs. 2 OWiG i. V. m. §§ 297, 298 StPO	↓ **Verwerfung des Einspruchs** § 69 Abs. 1 OWiG Ggf. Wiedereinsetzung in den vorigen Stand
	Überprüfung des Bußgeldbescheids in formeller und materieller Hinsicht	↵
Rücknahme des Bußgeldbescheids § 69 Abs. 2 OWiG		**Aufrechterhaltung des Bußgeldbescheids** § 69 Abs. 2 OWiG
↓		↓
Einstellung des Verfahrens § 47 Abs. 1 OWiG	**Erneuter (abgeänderter) Bußgeldbescheid** KEIN Verschlechterungsverbot	**Abgabe an StA des zuständigen Amtsgerichts** § 69 Abs. 3 OWiG ↓ **Gerichtliches Verfahren** § 76 Abs. 3 OWiG (Einstellung, Freispruch, Geldbuße, Nebenfolge)

3

4.

Ordnungswidrigkeiten bei Berufskraftfahrern

Begehen Berufskraftfahrer straßenverkehrsrechtliche Verstöße, so werden diese – ggf. als besondere Tatbestände des BKat – wie gewohnt nach den Regelsätzen geahndet.

Daneben existieren für die besondere Berufsgruppe „Fahrpersonal" eigene verkehrsrechtlich relevante Vorschriften.

Als **Fahrpersonal** werden diejenigen Kraftfahrer verstanden, die aus arbeitsvertraglicher Pflicht heraus ein Fahrzeug führen. Aber auch den Arbeitgebern der angestellten Berufskraftfahrer gegenüber entfaltet das Fahrpersonalgesetz (FPersG) seine Wirkung.

Die §§ 8, 8a FPersG verweisen auf die aufgrund § 2 FPersG erlassene Fahrpersonalverordnung (FPersV). Diese Systematik entspricht der zwischen StVG und StVO (*Mergenthaler*, in: Kraftverkehrskontrolle, § 21 FPersV Rn. 3).

In **§ 21 FPersV** findet sich eine umfassende Aufzählung an Ordnungswidrigkeiten. In den **§§ 22 und 23 FPersV** werden Verstöße gegen das AETR bzw. die VO (EU) Nr. 165/2014 als Ordnungswidrigkeiten aufgezählt.

Ordnungswidrigkeiten sind beispielsweise Verstöße gegen **Lenk- und Ruhezeiten** (z. B. § 21 Abs. 2 Nr. 1 FPersV i. V. m. § 1 Abs. 1 FPersV) oder das **Nicht- (ordnungsgemäße) Benutzen eines Fahrtenschreibers** (z. B. § 23 Abs. 1 Nr. 1 und 2 FPersV i. V. m. Art. 3 Abs. 1 bzw. Art. 32 Abs. 1 VO (EU) Nr. 165/2014).

Um auch hier eine bundeseinheitliche Sanktionierung zu erreichen, gibt es verwaltungsinterne Bußgeldkataloge.

> **Wichtig:** Da diese Bußgeldkataloge jeweils nicht als Verordnung erlassen wurden, entfalten sie nur verwaltungsinterne Wirkung (*Mergenthaler*, in: Kraftverkehrskontrolle, § 21 FPersV Rn. 5).

4

5.

Die wichtigsten Neuerungen im Bußgeldkatalog

Insgesamt lässt sich feststellen, dass eine umfassende Verschärfung der Bußgelder mit der Ersten Verordnung zur Änderung der Bußgeldkatalogverordnung vom 13.10.2021 (BGBl. I S. 4688) daherkommt. Was bei letztjähriger Verkehrsrechtsnovelle vom April 2020 scharf kritisiert wurde, nämlich die empfindliche Verschärfung des Fahrverbots, bleibt nun aber aus.

Erklärtes Ziel ist es, im Sinne der „Vision Zero" Verkehrsunfälle zu vermeiden. Um die Verkehrssicherheit effizienter in der Bevölkerung durchzusetzen, werden die Sanktionen vieler Ordnungswidrigkeiten-Tatbestände angehoben (vgl. BR-Drs. 591/19 Beschluss, S. 31). Vor allem auch Geschwindigkeitsüberschreitungen sind von den Verschärfungen (an vielen Stellen doppelt so hoch wie zuvor) betroffen, was wiederum einen weiteren Aspekt der Novellierung unterstützt: die Reduzierung der Umweltbelastung durch den Straßenverkehr.

Neue Tatbestände

- Das unberechtigte Parken auf einem Parkplatz für elektrisch betriebene Fahrzeuge (Lfd. TB-Nr. 55a) und Carsharingfahrzeuge (Lfd. TB-Nr. 55b) wird künftig mit einem Verwarnungsgeld von 55 € geahndet.
- Beim unzulässigen Halten auf Schutzstreifen für Radfahrer (Lfd. TB-Nr. 54a) droht ein Verwarngeld von 55 €, mit

Behinderung (Lfd. TB-Nr. 54a.1) und Gefährdung (Lfd. TB-Nr. 54a.2) werden 70 € bzw. 80 € fällig, mit Sachbeschädigung (Lfd. TB-Nr. 54a.3) sogar 100 €.

- Selbiges gilt auch für das unzulässige Halten auf Busstreifen oder an Bushaltestellen (Lfd. TB-Nr. 54.3-54.3.3).

- Das Parken im Halteverbot (Lfd. TB-Nr. 52) kostet nunmehr 25 €, mit Behinderung (Lfd. TB-Nr. 52.1) 40 €, länger als eine Stunde (Lfd. TB-Nr. 52.2) ebenfalls 40 € und bei einer Dauer von mehr als einer Stunde und zusätzlicher Behinderung (Lfd. TB-Nr. 52.2) 50 €.

- Zum Schutz von vor allem Radfahrern dürfen LKW-Fahrer künftig beim Rechtsabbiegen innerorts nur Schrittgeschwindigkeit fahren (Lfd. TB-Nr. 45). Ansonsten droht ein Bußgeld von 70 €.

- Ein hohes Bußgeld droht beim unerlaubten Nutzen/ Durchfahren einer Rettungsgasse (Lfd. TB-Nr. 50a): Hier werden 240 €, mit Behinderung (Lfd. TB-Nr. 50a.1) 280 €, mit Gefährdung (Lfd. TB-Nr. 50a.2) 300 € und mit Sachbeschädigung (Lfd. TB-Nr. 50a.3) 320 € fällig. Hinzu tritt jeweils die Verhängung eines Fahrverbots von einem Monat und 2 Punkten.

Anhebung des Verwarn-/Bußgeldes

- Zum Schutz der Umwelt und der Bevölkerung vor unnötigem Lärm wird das unnötige, belästigende Hin- und Herfahren (Lfd. TB-Nr. 118) als Ordnungswidrigkeit geahndet. Künftig werden hier – vor allem bei Zurschaustellung des KFZ mit lauter Musik (das sog. „Cruisen") – 100 € (zuvor 20 €) fällig.

- Die meisten Tatbestände zu Geschwindigkeitsüberschreitungen verdoppeln sich bezüglich der Höhe der Bußgelder.

- Das Parken auf Bussonderstreifen und Bushaltestellen (Lfd. TB-Nr. 54.4) zieht ein Bußgeld von 55 € (zuvor 15 €) nach sich. Genauso verhält es sich beim unzulässigen Halten in zweiter Reihe (Lfd. TB-Nr. 51a). Tritt hierbei noch eine Behinderung hinzu, werden 70 € (zuvor 20 €) fällig.

- Wird die zulässige Parkdauer überschritten (Lfd. TB-Nr. 63.1-63.5) werden auch hier die Bußgelder angehoben. Nunmehr ist mit einem Bußgeld von 20 €–40 € (zuvor 10 €–30 €) zu rechnen.

5

6. Rechtsgrundlagen

Verordnung über die Erteilung einer Verwarnung, Regelsätze für Geldbußen und die Anordnung eines Fahrverbotes wegen Ordnungswidrigkeiten im Straßenverkehr (Bußgeldkatalog-Verordnung – BKatV)

Vom 14. März 2013
Zuletzt geändert durch Erste Verordnung zur Änderung der Bußgeldkatalog-Verordnung vom 13.10.2021
(BGBl. I S. 4688)

§ 1 Bußgeldkatalog

(1) Bei Ordnungswidrigkeiten nach § 24 Absatz 1, § 24a Absatz 1 bis 3 und § 24c Absatz 1 und 2 des Straßenverkehrsgesetzes, die in der Anlage zu dieser Verordnung (Bußgeldkatalog – BKat) aufgeführt sind, ist eine Geldbuße nach den dort bestimmten Beträgen festzusetzen. Bei Ordnungswidrigkeiten nach § 24 Absatz 1 des Straßenverkehrsgesetzes, bei denen im Bußgeldkatalog ein Regelsatz bis zu 55 Euro bestimmt ist, ist ein entsprechendes Verwarnungsgeld zu erheben.

(2) Die im Bußgeldkatalog bestimmten Beträge sind Regelsätze. Sie gehen von gewöhnlichen Tatumständen sowie in Abschnitt I des Bußgeldkatalogs von fahrlässiger und in Abschnitt II des Bußgeldkatalogs von vorsätzlicher Begehung aus.

§ 2 Verwarnung

(1) Die Verwarnung muss mit einem Hinweis auf die Verkehrs-
zuwiderhandlung verbunden sein.

(2) Bei unbedeutenden Ordnungswidrigkeiten nach § 24 Absatz 1 des Straßenverkehrsgesetzes kommt eine Verwarnung
ohne Verwarnungsgeld in Betracht.

(3) Das Verwarnungsgeld wird in Höhe von 5, 10, 15, 20, 25, 30,
35, 40, 45, 50 und 55 Euro erhoben.

(4) Bei Fußgängern soll das Verwarnungsgeld in der Regel 5
Euro, bei Radfahrern 15 Euro betragen, sofern der Bußgeldkatalog nichts anderes bestimmt.

(5) Ist im Bußgeldkatalog ein Regelsatz für das Verwarnungsgeld von mehr als 20 Euro vorgesehen, so kann er bei offen-
kundig außergewöhnlich schlechten wirtschaftlichen Verhält-
nissen des Betroffenen bis auf 20 Euro ermäßigt werden.

6

(6) Hat der Betroffene durch dieselbe Handlung mehrere
geringfügige Ordnungswidrigkeiten begangen, für die jeweils
eine Verwarnung mit Verwarnungsgeld in Betracht kommt, so
wird nur ein Verwarnungsgeld, und zwar das höchste der in
Betracht kommenden Verwarnungsgelder, erhoben.

(7) Hat der Betroffene durch mehrere Handlungen geringfügige Ordnungswidrigkeiten begangen oder gegen dieselbe
Vorschrift mehrfach verstoßen, so sind die einzelnen Verstöße getrennt zu verwarnen.

(8) In den Fällen der Absätze 6 und 7 ist jedoch zu prüfen, ob
die Handlung oder die Handlungen insgesamt noch gering-
fügig sind.

§ 3 Bußgeldregelsätze

(1) Etwaige Eintragungen des Betroffenen im Fahreignungs-register sind im Bußgeldkatalog nicht berücksichtigt, soweit nicht in den Nummern 152.1, 241.1, 241.2, 242.1 und 242.2 des Bußgeldkatalogs etwas anderes bestimmt ist.

(2) Wird ein Tatbestand der Nummer 119, der Nummer 198.1 in Verbindung mit Tabelle 3 des Anhangs oder der Nummern 212, 214.1, 214.2 oder 223 des Bußgeldkatalogs, für den ein Regelsatz von mehr als 55 Euro vorgesehen ist, vom Halter eines Kraftfahrzeugs verwirklicht, so ist derjenige Regelsatz anzuwenden, der in diesen Fällen für das Anordnen oder Zulassen der Inbetriebnahme eines Kraftfahrzeugs durch den Halter vorgesehen ist.

(3) Die Regelsätze, die einen Betrag von mehr als 55 Euro vorsehen, erhöhen sich bei Vorliegen einer Gefährdung oder Sachbeschädigung nach der Tabelle 4 des Anhangs, soweit diese Merkmale oder eines dieser Merkmale nicht bereits im Tatbestand des Bußgeldkatalogs enthalten sind.

(4) Wird von dem Führer eines kennzeichnungspflichtigen Kraftfahrzeugs mit gefährlichen Gütern oder eines Kraftomnibusses mit Fahrgästen ein Tatbestand

1. der Nummern 8.1, 8.2, 15, 19, 19.1, 19.1.1, 19.1.2, 21, 21.1, 21.2, 212, 214.1, 214.2, 223,
2. der Nummern 12.5, 12.6 oder 12.7, jeweils in Verbindung mit der Tabelle 2 des Anhangs, oder
3. der Nummern 198.1 oder 198.2, jeweils in Verbindung mit der Tabelle 3 des Anhangs,

des Bußgeldkatalogs verwirklicht, so erhöht sich der dort genannte Regelsatz, sofern dieser einen Betrag von mehr als 55 Euro vorsieht, auch in den Fällen des Absatzes 3, jeweils um die Hälfte. Der nach Satz 1 erhöhte Regelsatz ist auch anzuwenden, wenn der Halter die Inbetriebnahme eines kennzeichnungspflichtigen Kraftfahrzeugs mit gefährlichen Gütern oder eines Kraftomnibusses mit Fahrgästen in den Fällen

1. der Nummern 189.1.1, 189.1.2, 189.2.1, 189.2.2, 189.3.1, 189.3.2, 213 oder
2. der Nummern 199.1, 199.2, jeweils in Verbindung mit der Tabelle 3 des Anhangs, oder 224

des Bußgeldkatalogs anordnet oder zulässt.

(4a) Wird ein Tatbestand des Abschnitts I des Bußgeldkatalogs vorsätzlich verwirklicht, für den ein Regelsatz von mehr als 55 Euro vorgesehen ist, so ist der dort genannte Regelsatz zu verdoppeln, auch in den Fällen, in denen eine Erhöhung nach den Absätzen 2, 3 oder 4 vorgenommen worden ist. Der ermittelte Betrag wird auf den nächsten vollen Euro-Betrag abgerundet.

(5) Werden durch eine Handlung mehrere Tatbestände des Bußgeldkatalogs verwirklicht, die jeweils einen Bußgeldregelsatz von mehr als 55 Euro vorsehen, so ist nur ein Regelsatz, bei unterschiedlichen Regelsätzen der höchste, anzuwenden. Dieser kann angemessen erhöht werden.

(6) Bei Ordnungswidrigkeiten nach § 24 Absatz 1 des Straßenverkehrsgesetzes, die von nicht motorisierten Verkehrsteilnehmern begangen werden, ist, sofern der Bußgeldregelsatz mehr als 55 Euro beträgt und der Bußgeldkatalog nicht besondere Tatbestände für diese Verkehrsteilnehmer enthält, der Regelsatz um die Hälfte zu ermäßigen. Beträgt der nach Satz 1 ermäßigte Regelsatz weniger als 60 Euro, so soll eine Geldbuße nur festgesetzt werden, wenn eine Verwarnung mit Verwarnungsgeld nicht erteilt werden kann.

§ 4 Regelfahrverbot

(1) Bei Ordnungswidrigkeiten nach § 24 Absatz 1 des Straßenverkehrsgesetzes kommt die Anordnung eines Fahrverbots (§ 25 Absatz 1 Satz 1 des Straßenverkehrsgesetzes) wegen grober Verletzung der Pflichten eines Kraftfahrzeugführers in der Regel in Betracht, wenn ein Tatbestand

1. der Nummern 9.1 bis 9.3, der Nummern 11.1 bis 11.3, jeweils in Verbindung mit der Tabelle 1 des Anhangs,
2. der Nummern 12.6.3, 12.6.4, 12.6.5, 12.7.3, 12.7.4 oder 12.7.5 der Tabelle 2 des Anhangs,
3. der Nummern 19.1.1, 19.1.2, 21.1, 21.2, 39.1, 41, 50, 50.1, 50.2, 50.3, 50a, 50a.1, 50a.2, 50a.3, 83.3, 89b.2, 132.1, 132.2, 132.3, 132.3.1, 132.3.2, 135, 135.1, 135.2, 152.1 oder
4. der Nummern 244, 246.2, 246.3 oder 250a

des Bußgeldkatalogs verwirklicht wird. Wird in diesen Fällen ein Fahrverbot angeordnet, so ist in der Regel die dort bestimmte Dauer festzusetzen.

(2) Wird ein Fahrverbot wegen beharrlicher Verletzung der Pflichten eines Kraftfahrzeugführers zum ersten Mal angeordnet, so ist seine Dauer in der Regel auf einen Monat festzusetzen. Ein Fahrverbot kommt in der Regel in Betracht, wenn gegen den Führer eines Kraftfahrzeugs wegen einer Geschwindigkeitsüberschreitung von mindestens 26 km/h bereits eine Geldbuße rechtskräftig festgesetzt worden ist und er innerhalb eines Jahres seit Rechtskraft der Entscheidung eine weitere Geschwindigkeitsüberschreitung von mindestens 26 km/h begeht.

(3) Bei Ordnungswidrigkeiten nach § 24a des Straßenverkehrsgesetzes ist ein Fahrverbot (§ 25 Absatz 1 Satz 2 des Straßenverkehrsgesetzes) in der Regel mit der in den Num-

mern 241, 241.1, 241.2, 242, 242.1 und 242.2 des Bußgeldkatalogs vorgesehenen Dauer anzuordnen.

(4) Wird von der Anordnung eines Fahrverbots ausnahmsweise abgesehen, so soll das für den betreffenden Tatbestand als Regelsatz vorgesehene Bußgeld angemessen erhöht werden.

§ 5 Inkrafttreten, Außerkrafttreten

Diese Verordnung tritt am 1. April 2013 in Kraft. Gleichzeitig tritt die Bußgeldkatalog-Verordnung vom 13. November 2001 (BGBl. I S. 3033), die zuletzt durch Artikel 3 der Verordnung vom 19. Oktober 2012 (BGBl. I S. 2232) geändert worden ist, außer Kraft.

6

Anlage (zu § 1 Abs. 1) BKatV

*Die vorliegende – redaktionell bearbeitete – Fassung des Buß-
geldkatalogs basiert auf der Anlage bzw. den Anhängen der Bußgeldkatalogverordnung sowie bezüglich der Punkte auf dem Bun-
deseinheitlichen Tatbestandskatalog (BT-Kat-OWi).[3]*

Abschnitt I Fahrlässig begangene Ordnungswidrigkeiten

Lfd. Nr.	Tatbestand	StraßenverkehrsOrdnung (StVO)	Regelsatz in Euro (€), Fahrverbot in Monaten	Punkte nach dem BT-Kat-OWi
	A. Zuwiderhandlungen gegen § 24 Absatz 1 StVG			
	a) Straßenverkehrs-Ordnung			
	Grundregeln			
1	Durch Außer-Acht-Lassen der im Verkehr erforderlichen Sorgfalt	§ 1 Absatz 2 § 49 Absatz 1 Nummer 1		
1.1	einen Anderen mehr als nach den Umständen unvermeidbar belästigt		10 €	
1.2	einen Anderen mehr als nach den Umständen unvermeidbar behindert		20 €	
1.3	einen Anderen gefährdet		30 €	
1.4	einen Anderen geschädigt, soweit im Folgenden nichts anderes bestimmt ist		35 €	

6

---

[3] Bundeseinheitlicher Tatbestandskatalog für Straßenverkehrsordnungswidrigkeiten, Kraftfahrt-Bundesamt, 14. Auflage, November 2021, abrufbar unter: https://www.kba.de/DE/Themen/ZentraleRegister/FAER/
BT_KAT_OWI/btkat_node.html.

Lfd. Nr.	Tatbestand	Straßen-verkehrs-Ordnung (StVO)	Regelsatz in Euro (€), Fahrverbot in Monaten	Punkte nach dem BT-Kat-OWi
1.5	Beim Fahren in eine oder aus einer Park-lücke stehendes Fahrzeug beschädigt	§ 1 Absatz 2 § 49 Absatz 1 Nummer 1	30 €	
	Straßenbenutzung durch Fahrzeuge			
2	Vorschriftswidrig Gehweg, linksseitig angelegten Radweg, Seitenstreifen (außer auf Autobahnen oder Kraftfahrstraßen), Verkehrsinsel oder Grünanlage benutzt	§ 2 Absatz 1 § 49 Absatz 1 Nummer 2	55 €	
2.1	– mit Behinderung	§ 2 Absatz 1 § 1 Absatz 2 § 49 Absatz 1 Nummer 1, 2	70 €	
2.2	– mit Gefährdung		80 €	
2.3	– mit Sach-beschädigung		100 €	
3	Gegen das Rechts-fahrgebot verstoßen durch Nichtbenutzen			
3.1	der rechten Fahr-bahnseite	§ 2 Absatz 2 § 49 Absatz 1 Nummer 2	15 €	
3.1.1	– mit Behinderung	§ 2 Absatz 2 § 1 Absatz 2 § 49 Absatz 1 Nummer 1, 2	25 €	
3.2	des rechten Fahr-streifens (außer auf Autobahnen oder Kraftfahrstraßen) und dadurch einen Anderen behindert	§ 2 Absatz 2 § 1 Absatz 2 § 49 Absatz 1 Nummer 1, 2	20 €	
3.3	der rechten Fahr-bahn bei zwei ge-trennten Fahrbahnen	§ 2 Absatz 1 § 49 Absatz 1 Nummer 2	25 €	

6

Lfd. Nr.	Tatbestand	Straßen-verkehrs-Ordnung (StVO)	Regelsatz in Euro (€), Fahrverbot in Monaten	Punkte nach dem BT-Kat-OWi
3.3.1	– mit Gefährdung	§ 2 Absatz 1 § 1 Absatz 2 § 49 Absatz 1 Nummer 1, 2	35 €	
3.3.2	– mit Sach-beschädigung	§ 2 Absatz 1 § 1 Absatz 2 § 49 Absatz 1 Nummer 1, 2	40 €	
3.4	eines markierten Schutzstreifens als Radfahrer	§ 2 Absatz 2 § 49 Absatz 1 Nummer 2	15 €	
3.4.1	– mit Behinderung	§ 2 Absatz 2 § 1 Absatz 2 § 49 Absatz 1 Nummer 1, 2	20 €	
3.4.2	– mit Gefährdung		25 €	
3.4.3	– mit Sach-beschädigung		30 €	
4	Gegen das Rechts-fahrgebot verstoßen	§ 2 Absatz 2 § 1 Absatz 2 § 49 Absatz 1 Nummer 1, 2		
4.1	bei Gegenverkehr, beim Überhol-werden, an Kuppen, in Kurven oder bei Unübersichtlichkeit und dadurch einen Anderen gefährdet		80 €	1 Punkt
4.2	auf Autobahnen oder Kraftfahrstraßen und dadurch einen Anderen behindert		80 €	1 Punkt
5	Schienenbahn nicht durchfahren lassen	§ 2 Absatz 3 § 49 Absatz 1 Nummer 2	5 €	
5a	Fahren bei Glatteis, Schneeglätte, Schnee-matsch, Eis- oder Reif-glätte ohne Berei-	§ 2 Absatz 3a Satz 1 § 49 Absatz 1 Nummer 2	60 €	1 Punkt

6

Lfd. Nr.	Tatbestand	Straßen-verkehrs-Ordnung (StVO)	Regelsatz in Euro (€), Fahrverbot in Monaten	Punkte nach dem BT-Kat-OWi
	fung, welche die in § 36 Absatz 4 StVZO beschriebenen Eigenschaften erfüllt			
5a.1	– mit Behinderung	§ 2 Absatz 3a Satz 1 § 1 Absatz 2 § 49 Absatz 1 Nummer 1, 2	80 €	1 Punkt
6	Beim Führen eines kennzeichnungs-pflichtigen Kraftfahr-zeugs mit gefähr-lichen Gütern bei Sichtweite unter 50 m, bei Schneeglätte oder Glatteis sich nicht so verhalten, dass die Gefährdung eines An-deren ausgeschlossen war, insbesondere, obwohl nötig, nicht den nächsten geeig-neten Platz zum Parken aufgesucht	§ 2 Absatz 3a Satz 4 § 49 Absatz 1 Nummer 2	140 €	1 Punkt
7	Beim Radfahren oder Mofafahren, soweit dies durch Treten fortbewegt wird			
7.1	Radweg (Zeichen 237, 240, 241) nicht benutzt	§ 41 Absatz 1 i. V. m. Anlage 2 lfd. Nr. 16, 19, 20 (Zeichen 237, 240, 241) Spalte 3 Nummer 1 auch i. V. m. § 2 Absatz 4 Satz 6 § 49 Absatz 3 Nummer 4 auch i. V. m. Absatz 1 Nummer 2	20 €	

6

Lfd. Nr.	Tatbestand	Straßen-verkehrs-Ordnung (StVO)	Regelsatz in Euro (€), Fahrverbot in Monaten	Punkte nach dem BT-Kat-OWi
7.1.1	– mit Behinderung	§ 41 Absatz 1 i. V. m. Anlage 2 lfd. Nr. 16, 19, 20 (Zeichen 237, 240, 241) Spalte 3 Nummer 1 auch i. V. m. § 2 Absatz 4 Satz 6 § 1 Absatz 2 § 49 Absatz 1 Nummer 1, Absatz 3 Nummer 4 auch i. V. m. Absatz 1 Nummer 2	25 €	
7.1.2	– mit Gefährdung		30 €	
7.1.3	– mit Sach-beschädigung		35 €	
7.2	Fahrbahn, Radweg oder Seitenstreifen nicht vorschrifts-mäßig benutzt			
7.2.1	– mit Behinderung	§ 2 Absatz 4 Satz 1, 5 § 1 Absatz 2 § 49 Absatz 1 Nummer 1, 2	20 €	
7.2.2	– mit Gefährdung		25 €	
7.2.3	– mit Sach-beschädigung		30 €	
7.3	Radweg in nicht zulässiger Richtung befahren, obwohl Radweg oder Seiten-streifen in zulässiger Richtung vorhanden	§ 2 Absatz 4 Satz 4 § 49 Absatz 1 Nummer 2	20 €	

6

Lfd. Nr.	Tatbestand	Straßen-verkehrs-Ordnung (StVO)	Regelsatz in Euro (€), Fahrverbot in Monaten	Punkte nach dem BT-Kat-OWi
7.3.1	– mit Behinderung	§ 2 Absatz 4 Satz 4 § 1 Absatz 2 § 49 Absatz 1 Nummer 1, 2	25 €	
7.3.2	– mit Gefährdung		30 €	
7.3.3	– mit Sach-beschädigung		35 €	
	Geschwindigkeit			
8	Mit nicht angepass-ter Geschwindigkeit gefahren			
8.1	trotz angekündigter Gefahrenstelle, bei Unübersichtlich-keit, an Straßen-kreuzungen, Straßen-einmündungen, Bahnübergängen oder bei schlechten Sicht- oder Wetter-verhältnissen (z. B. Nebel, Glatt-eis)	§ 3 Absatz 1 Satz 1, 2, 4, 5 § 19 Absatz 1 Satz 2 § 49 Absatz 1 Nummer 3, 19 Buchstabe a	100 €	1 Punkt
8.2	in anderen als in Nummer 8.1 genann-ten Fällen mit Sach-beschädigung	§ 3 Absatz 1 Satz 1, 2, 4, 5 § 1 Absatz 2 § 49 Absatz 1 Nummer 1, 3	35 €	
9	Festgesetzte Höchst-geschwindigkeit bei Sichtweite unter 50 m durch Nebel, Schneefall oder Regen über-schritten	§ 3 Absatz 1 Satz 3 § 49 Absatz 1 Nummer 3	80 €	1 Punkt

6

Lfd. Nr.	Tatbestand	Straßen-verkehrs-Ordnung (StVO)	Regelsatz in Euro (€), Fahrverbot in Monaten	Punkte nach dem BT-Kat-OWi
9.1	bis 15 km/h für mehr als 5 Minuten Dauer, bis 15 km/h in mehr als zwei Fällen nach Fahrtantritt oder um mehr als 15 km/h, mit einem Kraftfahr-zeug der in § 3 Absatz 3 Nummer 2 Buchstabe a oder b StVO genannten Art		Tabelle 1 Buchstabe a	innerhalb ge-schlossener Ortschaften: 160 €–800 € 1 Punkt – Fahrverbot 3 Monate 2 Punkte außerhalb geschlosse-ner Ort-schaften: 140 €–700 € 1 Punkt – Fahrverbot 3 Monate 2 Punkte
9.2	um mehr als 10 km/h innerorts, um mehr als 15 km/h außer-orts, bis 15 km/h innerorts oder außerorts jeweils für mehr als 5 Minuten Dauer oder bis 15 km/h innerorts oder außerorts jeweils in mehr als zwei Fällen nach Fahrtantritt mit kennzeichnungs-pflichtigen Kraftfahr-zeugen der in Num-mer 9.1 genannten Art mit gefährlichen Gütern oder Kraft-omnibussen mit Fahrgästen		Tabelle 1 Buchstabe b	innerhalb geschlosse-ner Ort-schaften: 320 €–950 € 1 Punkt – Fahrverbot 3 Monate 2 Punkte außerhalb geschlosse-ner Ort-schaften: 240 €–900 € 1 Punkt – Fahrverbot 3 Monate 2 Punkte

6

Lfd. Nr.	Tatbestand	Straßen-verkehrs-Ordnung (StVO)	Regelsatz in Euro (€), Fahrverbot in Monaten	Punkte nach dem BT-Kat-OWi
9.3	um mehr als 20 km/h mit anderen als den in Nummer 9.1 oder 9.2 genannten Kraftfahrzeugen		Tabelle 1 Buchstabe c	innerhalb geschlosse-ner Ort-schaften: 115 €–800 € 1 Punkt – Fahrverbot 3 Monate 2 Punkte
				außerhalb geschlosse-ner Ort-schaften: 100 €–700 € 1 Punkt – Fahrverbot 3 Monate 2 Punkte
10	Beim Führen eines Fahrzeugs ein Kind, einen Hilfs-bedürftigen oder älteren Menschen gefährdet, insbeson-dere durch nicht ausreichend ver-minderte Geschwin-digkeit, mangelnde Bremsbereitschaft oder unzureichen-den Seitenabstand beim Vorbei-fahren oder Über-holen	§ 3 Absatz 2a § 49 Absatz 1 Nummer 3	80 €	1 Punkt

6

Lfd. Nr.	Tatbestand	StraßenverkehrsOrdnung (StVO)	Regelsatz in Euro (€), Fahrverbot in Monaten	Punkte nach dem BT-Kat-OWi
11	Zulässige Höchstgeschwindigkeit überschritten mit	§ 3 Absatz 3 Satz 1, Absatz 4 § 49 Absatz 1 Nummer 3 § 18 Absatz 5 Satz 2 § 49 Absatz 1 Nummer 18 § 20 Absatz 2 Satz 1, Absatz 4 Satz 1, 2 § 49 Absatz 1 Nummer 19 Buchstabe b § 41 Absatz 1 i. V. m. Anlage 2 lfd. Nr. 16, 17 (Zeichen 237, 238) Spalte 3 Nummer 3, lfd. Nr. 18 (Zeichen 239) Spalte 3 Nummer 2, lfd. Nr. 19 (Zeichen 240) Spalte 3 Nummer 3, lfd. Nr. 20 (Zeichen 241) Spalte 3 Nummer 4, lfd. Nr. 21 (Zeichen 239 oder 242.1 mit Zusatzzeichen, das den Fahrzeugverkehr zulässt) Spalte 3 Nummer 2, lfd. Nr. 23 (Zeichen 244.1 mit Zusatzzeichen, das den Fahr-		

6

Lfd. Nr.	Tatbestand	Straßen-verkehrs-Ordnung (StVO)	Regelsatz in Euro (€), Fahrverbot in Monaten	Punkte nach dem BT-Kat-OWi
		zeugverkehr zulässt) Spalte 3 Nummer 2, lfd. Nr. 24.1 (Zeichen 244.3 mit Zusatzzeichen, das den Fahrzeugverkehr zulässt) Spalte 3 Nummer 2, lfd. Nr. 49 (Zeichen 274), lfd. Nr. 50 (Zeichen 274.1, 274.2) § 49 Absatz 3 Nummer 4 § 42 Absatz 2 i. V. m. Anlage 3 lfd. Nr. 12 (Zeichen 325.1) Spalte 3 Nummer 1 § 49 Absatz 3 Nummer 5		
11.1		Kraftfahrzeugen der in § 3 Absatz 3 Nummer 2 Buchstabe a oder b StVO genannten Art	Tabelle 1 Buchstabe a	innerhalb geschlossener Ortschaften: 40 €–800 € Fahrverbot 3 Monate 2 Punkte außerhalb geschlossener Ortschaften: 30 €–700 € Fahrverbot 3 Monate 2 Punkte

6

Lfd. Nr.	Tatbestand	Straßen-verkehrs-Ordnung (StVO)	Regelsatz in Euro (€), Fahrverbot in Monaten	Punkte nach dem BT-Kat-OWi
11.2	kennzeichnungs-pflichtigen Kraftfahr-zeugen der in Num-mer 11.1 genannten Art mit gefährlichen Gütern oder Kraftom-nibussen mit Fahr-gästen		Tabelle 1 Buchstabe b	innerhalb geschlosse-ner Ort-schaften: 70 €–950 € Fahrverbot 3 Monate 2 Punkte außerhalb geschlosse-ner Ort-schaften: 60 €–900 € Fahrverbot 3 Monate 2 Punkte
11.3	anderen als den in Nummer 11.1 oder 11.2 genannten Kraftfahrzeugen		Tabelle 1 Buchstabe c	innerhalb geschlosse-ner Ort-schaften: 30 €–800 € Fahrverbot 3 Monate 2 Punkte außerhalb geschlosse-ner Ort-schaften: 20 €–700 € Fahrverbot 3 Monate 2 Punkte
	Abstand			
12	Erforderlichen Abstand von einem vorausfahrenden Fahrzeug nicht eingehalten	§ 4 Absatz 1 Satz 1 § 49 Absatz 1 Nummer 4		

6

Lfd. Nr.	Tatbestand	Straßen-verkehrs-Ordnung (StVO)	Regelsatz in Euro (€), Fahrverbot in Monaten	Punkte nach dem BT-Kat-OWi
12.1	bei einer Geschwindigkeit bis 80 km/h		25 €	
12.2	– mit Gefährdung	§ 4 Absatz 1 Satz 1 § 1 Absatz 2 § 49 Absatz 1 Nummer 1, 4	30 €	
12.3	– mit Sachbeschädigung		35 €	
12.4	bei einer Geschwindigkeit von mehr als 80 km/h, sofern der Abstand in Metern nicht weniger als ein Viertel des Tachowertes betrug	§ 4 Absatz 1 Satz 1 § 49 Absatz 1 Nummer 4	35 €	
12.5	bei einer Geschwindigkeit von mehr als 80 km/h, sofern der Abstand in Metern weniger als ein Viertel des Tachowertes betrug		Tabelle 2 Buchstabe a	75 € 1 Punkt – 320 € 1 Punkt
12.6	bei einer Geschwindigkeit von mehr als 100 km/h, sofern der Abstand in Metern weniger als ein Viertel des Tachowertes betrug		Tabelle 2 Buchstabe b	75 € 1 Punkt – 320 € Fahrverbot 3 Monate 2 Punkte
12.7	bei einer Geschwindigkeit von mehr als 130 km/h, sofern der Abstand in Metern weniger als ein Viertel des Tachowertes betrug		Tabelle 2 Buchstabe c	100 € 1 Punkt – 400 € Fahrverbot 3 Monate 2 Punkte

6

Lfd. Nr.	Tatbestand	Straßen-verkehrs-Ordnung (StVO)	Regelsatz in Euro (€), Fahrverbot in Monaten	Punkte nach dem BT-Kat-OWi
13	Vorausgefahren und ohne zwingenden Grund stark gebremst			
13.1	– mit Gefährdung	§ 4 Absatz 1 Satz 2 § 1 Absatz 2 § 49 Absatz 1 Nummer 1, 4	20 €	
13.2	– mit Sach-beschädigung		30 €	
14	Den zum Einscheren erforderlichen Abstand von dem vorausfahrenden Fahrzeug außerhalb geschlossener Ortschaften nicht eingehalten	§ 4 Absatz 2 Satz 1 § 49 Absatz 1 Nummer 4	25 €	
15	Mit Lastkraftwagen (zulässiges Gesamtgewicht über 3,5 t) oder Kraftomnibus bei einer Geschwindigkeit von mehr als 50 km/h auf einer Autobahn Mindestabstand von 50 m von einem vorausfahrenden Fahrzeug nicht eingehalten	§ 4 Absatz 3 § 49 Absatz 1 Nummer 4	80 €	1 Punkt
	Überholen			
16	Innerhalb geschlossener Ortschaften rechts überholt	§ 5 Absatz 1 § 49 Absatz 1 Nummer 5	30 €	
16.1	– mit Sach-beschädigung	§ 5 Absatz 1 § 1 Absatz 2 § 49 Absatz 1 Nummer 1, 5	35 €	

Lfd. Nr.	Tatbestand	Straßen-verkehrs-Ordnung (StVO)	Regelsatz in Euro (€), Fahrverbot in Monaten	Punkte nach dem BT-Kat-OWi
17	Außerhalb geschlossener Ortschaften rechts überholt	§ 5 Absatz 1 § 49 Absatz 1 Nummer 5	100 €	1 Punkt
18	Mit nicht wesentlich höherer Geschwindigkeit als der zu Überholende überholt	§ 5 Absatz 2 Satz 2 § 49 Absatz 1 Nummer 5	80 €	1 Punkt
19	Überholt, obwohl nicht übersehen werden konnte, dass während des ganzen Überholvorgangs jede Behinderung des Gegenverkehrs ausgeschlossen war, oder bei unklarer Verkehrslage	§ 5 Absatz 2 Satz 1, Absatz 3 Nummer 1 § 49 Absatz 1 Nummer 5	100 €	1 Punkt
19.1	und dabei ein Überholverbot (§ 19 Absatz 1 Satz 3 StVO, Zeichen 276, 277, 277.1) nicht beachtet oder eine Fahrstreifenbegrenzung (Zeichen 295, 296) überquert oder überfahren oder der durch Pfeile vorgeschriebenen Fahrtrichtung (Zeichen 297) nicht gefolgt	§ 5 Absatz 2 Satz 1, Absatz 3 Nummer 1 § 19 Absatz 1 Satz 3 § 49 Absatz 1 Nummer 5, 19a § 41 Absatz 1 i. V. m. Anlage 2 zu lfd. Nr. 53, 54 und 54.4 (Zeichen 276, 277, 277.1) Spalte 3, lfd. Nr. 68 (Zeichen 295) Spalte 3 Nummer 1a, lfd. Nr. 69, 70 (Zeichen 296, 297) Spalte 3 Nummer 1 § 49 Absatz 3 Nummer 4	150 €	1 Punkt

6

Lfd. Nr.	Tatbestand	Straßen-verkehrs-Ordnung (StVO)	Regelsatz in Euro (€), Fahrverbot in Monaten	Punkte nach dem BT-Kat-OWi
19.1.1	– mit Gefährdung	§ 5 Absatz 2 Satz 1, Absatz 3 Nummer 1 § 19 Absatz 1 Satz 3 § 49 Absatz 1 Nummer 5, 19a § 41 Absatz 1 i. V. m. Anlage 2 zu lfd. Nr. 53, 54 und 54.4 (Zeichen 276, 277, 277.1) Spalte 3, lfd. Nr. 68 (Zeichen 295) Spalte 3 Nummer 1a, lfd. Nr. 69, 70 (Zeichen 296, 297) Spalte 3 Nummer 1 § 49 Absatz 3 Nummer 4 § 1 Absatz 2 § 49 Absatz 1 Nummer 1	250 € **Fahrverbot 1 Monat**	2 Punkte
19.1.2	– mit Sach-beschädigung		300 € **Fahrverbot 1 Monat**	2 Punkte
(20)	(weggefallen)			
21	Mit einem Kraftfahr-zeug mit einer zuläs-sigen Gesamtmasse über 7,5 t überholt, obwohl die Sicht-weite durch Nebel, Schneefall oder Regen weniger als 50 m betrug	§ 5 Absatz 3a § 49 Absatz 1 Nummer 5	120 €	1 Punkt

6

Lfd. Nr.	Tatbestand	Straßen-verkehrs-Ordnung (StVO)	Regelsatz in Euro (€), Fahrverbot in Monaten	Punkte nach dem BT-Kat-OWi
21.1	– mit Gefährdung	§ 5 Absatz 3a § 1 Absatz 2 § 49 Absatz 1 Nummer 1, 5	200 € **Fahrverbot 1 Monat**	2 Punkte
21.2	– mit Sach-beschädigung		240 € **Fahrverbot 1 Monat**	2 Punkte
22	Zum Überholen ausgeschert und dadurch nach-folgenden Verkehr gefährdet	§ 5 Absatz 4 Satz 1 § 49 Absatz 1 Nummer 5	80 €	1 Punkt
23	Beim Überholen ausreichenden Seitenabstand zu einem anderen Verkehrsteilnehmer nicht eingehalten	§ 5 Absatz 4 Satz 2, 3 § 49 Absatz 1 Nummer 5	30 €	
23.1	– mit Sach-beschädigung	§ 5 Absatz 4 Satz 2, 3 § 1 Absatz 2 § 49 Absatz 1 Nummer 1, 5	35 €	
24	Nach dem Über-holen nicht so bald wie möglich wieder nach rechts ein-geordnet	§ 5 Absatz 4 Satz 5 § 49 Absatz 1 Nummer 5	10 €	
25	Nach dem Über-holen beim Ein-ordnen, denjenigen, der überholt wurde, behindert	§ 5 Absatz 4 Satz 6 § 49 Absatz 1 Nummer 5	20 €	
26	Beim Überholt-werden Geschwin-digkeit erhöht	§ 5 Absatz 6 Satz 1 § 49 Absatz 1 Nummer 5	30 €	

6

Lfd. Nr.	Tatbestand	Straßen-verkehrs-Ordnung (StVO)	Regelsatz in Euro (€), Fahrverbot in Monaten	Punkte nach dem BT-Kat-OWi
27	Ein langsameres Fahrzeug geführt und die Geschwindigkeit nicht ermäßigt oder nicht gewartet, um mehreren unmittelbar folgenden Fahrzeugen das Überholen zu ermöglichen	§ 5 Absatz 6 Satz 1 § 49 Absatz 1 Nummer 5	10 €	
28	Vorschriftswidrig links überholt, obwohl der Fahrer des vorausfahrenden Fahrzeugs die Absicht, nach links abzubiegen, angekündigt und sich eingeordnet hatte	§ 5 Absatz 7 Satz 1 § 49 Absatz 1 Nummer 5	25 €	
28.1	– mit Sachbeschädigung	§ 5 Absatz 7 Satz 1 § 1 Absatz 2 § 49 Absatz 1 Nummer 1, 5	30 €	
	Fahrtrichtungsanzeiger			
29	Fahrtrichtungsanzeiger nicht wie vorgeschrieben benutzt	§ 5 Absatz 4a § 49 Absatz 1 Nummer 5 § 6 Satz 3 § 49 Absatz 1 Nummer 6 § 7 Absatz 5 Satz 2 § 49 Absatz 1 Nummer 7 § 9 Absatz 1 Satz 1 § 49 Absatz 1 Nummer 9 § 10 Satz 2	10 €	

6

Lfd. Nr.	Tatbestand	Straßen-verkehrs-Ordnung (StVO)	Regelsatz in Euro (€), Fahrverbot in Monaten	Punkte nach dem BT-Kat-OWi
		§ 49 Absatz 1 Nummer 10 § 42 Absatz 2 i. V. m. Anlage 3 lfd. Nr. 2.1 (Zu satzzeichen zu Zeichen 306) Spalte 3 Nummer 1 § 49 Absatz 3 Nummer 5		
	Vorbeifahren			
30	An einer Fahrbahn-verengung, einem Hindernis auf der Fahrbahn oder einem haltenden Fahrzeug auf der Fahrbahn links vorbeigefahren, ohne ein entgegenkommen-des Fahrzeug durch-fahren zu lassen	§ 6 Satz 1 § 49 Absatz 1 Nummer 6	20 €	
30.1	– mit Gefährdung	§ 6 Absatz 1 § 1 Absatz 2 § 49 Absatz 1 Nummer 1, 6	30 €	
30.2	– mit Sach-beschädigung		35 €	
	Benutzung von Fahrstreifen durch Kraftfahrzeuge			
31	Fahrstreifen ge-wechselt und da-durch einen anderen Verkehrsteilnehmer gefährdet	§ 7 Absatz 5 Satz 1 § 49 Absatz 1 Nummer 7	30 €	
31.1	– mit Sach-beschädigung	§ 7 Absatz 5 Satz 1 § 1 Absatz 2 § 49 Absatz 1 Nummer 1, 7	35 €	

6

Lfd. Nr.	Tatbestand	Straßen-verkehrs-Ordnung (StVO)	Regelsatz in Euro (€), Fahrverbot in Monaten	Punkte nach dem BT-Kat-OWi
31a	Auf einer Fahrbahn für beide Richtungen den mittleren oder linken von mehreren durch Leitlinien (Zeichen 340) markierten Fahrstreifen zum Überholen benutzt	§ 7 Absatz 3a Satz 1, 2 Absatz 3b § 49 Absatz 1 Nummer 7	30 €	
31a.1	– mit Gefährdung	§ 7 Absatz 3a Satz 1, 2, Absatz 3b § 1 Absatz 2 § 49 Absatz 1 Nummer 1, 7	40 €	
31b	Außerhalb geschlossener Ortschaften linken Fahrstreifen mit einem Lastkraftwagen mit einer zulässigen Gesamtmasse von mehr als 3,5 t oder einem Kraftfahrzeug mit Anhänger zu einem anderen Zweck als dem des Linksabbiegens benutzt	§ 7 Absatz 3c Satz 3 § 49 Absatz 1 Nummer 7	15 €	
31b.1	– mit Behinderung	§ 7 Absatz 3c Satz 3 § 1 Absatz 2 § 49 Absatz 1 Nummer 1, 7	20 €	
	Vorfahrt			
32	Nicht mit mäßiger Geschwindigkeit an eine bevorrechtigte Straße herangefahren	§ 8 Absatz 2 Satz 1 § 49 Absatz 1 Nummer 8	10 €	

6

Lfd. Nr.	Tatbestand	StraßenverkehrsOrdnung (StVO)	Regelsatz in Euro (€), Fahrverbot in Monaten	Punkte nach dem BT-Kat-OWi
33	Vorfahrt nicht beachtet und dadurch eine vorfahrtberechtigte Person wesentlich behindert	§ 8 Absatz 2 Satz 2 § 49 Absatz 1 Nummer 8	25 €	
34	Vorfahrt nicht beachtet und dadurch eine vorfahrtberechtigte Person gefährdet	§ 8 Absatz 2 Satz 2 § 49 Absatz 1 Nummer 8	100 €	1 Punkt
	Abbiegen, Wenden, Rückwärtsfahren			
35	Abgebogen, ohne sich ordnungsgemäß oder rechtzeitig eingeordnet oder ohne vor dem Einordnen oder Abbiegen auf den nachfolgenden Verkehr geachtet zu haben	§ 9 Absatz 1 Satz 2, 4 § 49 Absatz 1 Nummer 9	10 €	
35.1	– mit Gefährdung	§ 9 Absatz 1 Satz 2, 4 § 1 Absatz 2 § 49 Absatz 1 Nummer 1, 9	30 €	
35.2	– mit Sachbeschädigung		35 €	
36	Beim Linksabbiegen auf längs verlegten Schienen eingeordnet und dadurch ein Schienenfahrzeug behindert	§ 9 Absatz 1 Satz 3 § 49 Absatz 1 Nummer 9	5 €	
(37 bis 37.3)	(weggefallen)			

6

Lfd. Nr.	Tatbestand	Straßen-verkehrs-Ordnung (StVO)	Regelsatz in Euro (€), Fahrverbot in Monaten	Punkte nach dem BT-Kat-OWi
38	Beim Linksabbiegen mit dem Fahrrad nach einer Kreuzung oder Einmündung die Fahrbahn über-quert und dabei den Fahrzeugverkehr nicht beachtet oder einer Radverkehrs-führung im Kreu-zungs- oder Einmün-dungsbereich nicht gefolgt	§ 9 Absatz 2 Satz 2, 3 § 49 Absatz 1 Nummer 9	15 €	
38.1	– mit Behinderung	§ 9 Absatz 2 Satz 2, 3 § 1 Absatz 2 § 49 Absatz 1 Nummer 1, 9	20 €	
38.2	– mit Gefährdung		25 €	
38.3	– mit Sach-beschädigung		30 €	
39	Abgebogen, ohne Fahrzeug durchfah-ren zu lassen	§ 9 Absatz 3 Satz 1, 2, Absatz 4 Satz 1 § 49 Absatz 1 Nummer 9	40 €	
39.1	– mit Gefährdung	§ 9 Absatz 3 Satz 1, 2, Absatz 4 Satz 1 § 1 Absatz 2 § 49 Absatz 1 Nummer 1, 9	140 € **Fahrverbot 1 Monat**	1 Punkt
(40)	(weggefallen)			
41	Beim Abbiegen auf zu Fuß Gehende keine besondere Rücksicht genom-men und diese dadurch gefährdet	§ 9 Absatz 3 Satz 3 § 1 Absatz 2 § 49 Absatz 1 Nummer 1, 9	140 € **Fahrverbot 1 Monat**	1 Punkt

Lfd. Nr.	Tatbestand	Straßen-verkehrs-Ordnung (StVO)	Regelsatz in Euro (€), Fahrverbot in Monaten	Punkte nach dem BT-Kat-OWi
42	Beim Linksabbiegen nicht voreinander abgebogen	§ 9 Absatz 4 Satz 2 § 49 Absatz 1 Nummer 9	10 €	
42.1	– mit Gefährdung	§ 9 Absatz 4 Satz 2 § 1 Absatz 2 § 49 Absatz 1 Nummer 9	70 €	1 Punkt
(43)	(weggefallen)			
44	Beim Abbiegen in ein Grundstück, beim Wenden oder Rück-wärtsfahren einen anderen Verkehrs-teilnehmer gefährdet	§ 9 Absatz 5 § 49 Absatz 1 Nummer 9	80 €	1 Punkt
45	Mit einem Kraft-fahrzeug mit einer zulässigen Gesamt-masse über 3,5 t innerorts beim Rechtsabbiegen nicht mit Schritt-geschwindigkeit gefahren	§ 9 Absatz 6 § 49 Absatz 1 Nummer 9	70 €	1 Punkt
(46)	(weggefallen)			
	Einfahren und Anfahren			
47	Aus einem Grund-stück, einem Fußgän-gerbereich (Zeichen 242.1, 242.2), einem verkehrsberuhigten Bereich (Zeichen 325.1, 325.2) auf die Straße oder von einem anderen Straßenteil oder über einen abgesenkten	§ 10 Satz 1 § 49 Absatz 1 Nummer 10	30 €	

6

Lfd. Nr.	Tatbestand	Straßenverkehrs-Ordnung (StVO)	Regelsatz in Euro (€), Fahrverbot in Monaten	Punkte nach dem BT-Kat-OWi
	Bordstein hinweg auf die Fahrbahn eingefahren oder vom Fahrbahnrand angefahren und dadurch einen anderen Verkehrsteilnehmer gefährdet			
47.1	– mit Sachbeschädigung	§ 10 Satz 1 § 1 Absatz 2 § 49 Absatz 1 Nummer 1, 10	35 €	
(48)	(weggefallen)			
	Besondere Verkehrslagen			
49	Trotz stockenden Verkehrs in eine Kreuzung oder Einmündung eingefahren und dadurch einen Anderen behindert	§ 11 Absatz 1 § 1 Absatz 2 § 49 Absatz 1 Nummer 1, 11	20 €	
50	Bei stockendem Verkehr auf einer Autobahn oder Außerortsstraße für die Durchfahrt von Polizei- oder Hilfsfahrzeugen keine vorschriftsmäßige Gasse gebildet	§ 11 Absatz 2 § 49 Absatz 1 Nummer 11	200 € **Fahrverbot 1 Monat**	2 Punkte
50.1	– mit Behinderung	§ 11 Absatz 2 § 1 Absatz 2 § 49 Absatz 1 Nummer 1, 11	240 € **Fahrverbot 1 Monat**	2 Punkte
50.2	– mit Gefährdung		280 € **Fahrverbot 1 Monat**	2 Punkte
50.3	– mit Sachbeschädigung		320 € **Fahrverbot 1 Monat**	2 Punkte

Lfd. Nr.	Tatbestand	Straßen-verkehrs-Ordnung (StVO)	Regelsatz in Euro (€), Fahrverbot in Monaten	Punkte nach dem BT-Kat-OWi
50a	Unberechtigt mit einem Fahrzeug auf einer Autobahn oder Außerortsstraße eine freie Gasse für die Durchfahrt von Polizei- oder Hilfs-fahrzeugen benutzt	§ 11 Absatz 2 § 49 Absatz 1 Nummer 11	240 € **Fahrverbot 1 Monat**	2 Punkte
50a.1	– mit Behinderung	§ 11 Absatz 2 § 1 Absatz 2 § 49 Absatz 1 Nummer 1, 11	280 € **Fahrverbot 1 Monat**	2 Punkte
50a.2	– mit Gefährdung		300 € **Fahrverbot 1 Monat**	2 Punkte
50a.3	– mit Sach-beschädigung		320 € **Fahrverbot 1 Monat**	2 Punkte
	Halten und Parken			
51	Unzulässig gehalten	§ 12 Absatz 1 § 49 Absatz 1 Nummer 12 § 37 Absatz 1 Satz 2, Absatz 5 § 49 Absatz 3 Nummer 2 § 41 Absatz 1 i. V. m. Anlage 2 lfd. Nr. 1, 2, 3 (Zeichen 201, 205, 206) Spalte 3 Nummer 2, lfd. Nr. 8 (Zeichen 215) Spalte 3 Nummer 3, lfd. Nr. 15 (Zeichen 229) Spalte 3 Satz 1, lfd.	20 €	

6

Lfd. Nr.	Tatbestand	Straßen-verkehrs-Ordnung (StVO)	Regelsatz in Euro (€), Fahrverbot in Monaten	Punkte nach dem BT-Kat-OWi
		Nr. 62 (Zeichen 283) Spalte 3, lfd. Nr. 63, 64 (Zeichen 286, 290.1) Spalte 3 Nummer 1, lfd. Nr. 66 (Zeichen 293) Spalte 3, lfd. Nr. 68 (Zeichen 295) Spalte 3 Nummer 2a, lfd. Nr. 70 (Zeichen 297) Spalte 3 Nummer 2, lfd. Nr. 73 (Zeichen 299) Spalte 3 Satz 1 § 49 Absatz 3 Nummer 4		
51.1	– mit Behinderung	§ 12 Absatz 1 § 1 Absatz 2 § 49 Absatz 1 Nummer 1, 12 § 37 Absatz 1 Satz 2, Absatz 5 § 1 Absatz 2 § 49 Absatz 1 Nummer 1, Absatz 3 Nummer 2 § 41 Absatz 1 i. V. m. Anlage 2 lfd. Nr. 1, 2, 3 (Zeichen 201, 205, 206) Spalte 3 Nummer 2, lfd. Nr. 8 (Zeichen 215) Spalte 3	35 €	

Lfd. Nr.	Tatbestand	Straßen-verkehrs-Ordnung (StVO)	Regelsatz in Euro (€), Fahrverbot in Monaten	Punkte nach dem BT-Kat-OWi
		Nummer 3, lfd. Nr. 15 (Zeichen 229) Spalte 3 Satz 1, lfd. Nr. 62 (Zeichen 283) Spalte 3, lfd. Nr. 63, 64 (Zeichen 286, 290.1) Spalte 3 Nummer 1, lfd. Nr. 66 (Zeichen 293) Spalte 3, lfd. Nr. 68 (Zeichen 295) Spalte 3 Nummer 2a, lfd. Nr. 70 (Zeichen 297) Spalte 3 Nummer 2, lfd. Nr. 73 (Zeichen 299) Spalte 3 Satz 1 § 1 Absatz 2 § 49 Absatz 1 Nummer 1, Absatz 3 Nummer 4		
51a	Unzulässig in „zweiter Reihe" gehalten	§ 12 Absatz 4 Satz 1, 2 Halbsatz 2 § 49 Absatz 1 Nummer 12	55 €	
51a.1	– mit Behinderung	§ 12 Absatz 4 Satz 1, 2 Halbsatz 2 § 1 Absatz 2 § 49 Absatz 1 Nummer 1, 12	70 €	1 Punkt
51a.2	– mit Gefährdung		80 €	1 Punkt

6

Lfd. Nr.	Tatbestand	Straßen-verkehrs-Ordnung (StVO)	Regelsatz in Euro (€), Fahrverbot in Monaten	Punkte nach dem BT-Kat-OWi
51a.3	– mit Sach-beschädigung		100 €	1 Punkt
51b	An einer engen oder unübersichtlichen Straßenstelle oder im Bereich einer scharfen Kurve geparkt (§ 12 Absatz 2 StVO)	§ 12 Absatz 1 Nummer 1, 2 § 49 Absatz 1 Nummer 12	35 €	
51b.1	– mit Behinderung	§ 12 Absatz 1 Nummer 1, 2 § 1 Absatz 2 § 49 Absatz 1 Nummer 1, 12	55 €	
51b.2	länger als 1 Stunde	§ 12 Absatz 1 Nummer 1, 2 § 49 Absatz 1 Nummer 12	55 €	
51b.2.1	– mit Behinderung	§ 12 Absatz 1 Nummer 1, 2 § 1 Absatz 2 § 49 Absatz 1 Nummer 1, 12	55 €	
51b.3	wenn ein Rettungs-fahrzeug im Einsatz behindert worden ist	§ 12 Absatz 1 Nummer 1, 2 § 1 Absatz 2 § 49 Absatz 1 Nummer 1, 12	100 €	1 Punkt
52	Unzulässig geparkt (§ 12 Absatz 2 StVO) in den Fällen, in denen das Halten verboten ist	§ 12 Absatz 1 Nummer 3, 4 § 49 Absatz 1 Nummer 12 § 37 Absatz 1 Satz 2, Absatz 5 § 49 Absatz 3 Nummer 2 § 41 Absatz 1 i. V. m. Anlage 2 lfd. Nr. 1, 2, 3	25 €	

6

Lfd. Nr.	Tatbestand	Straßen-verkehrs-Ordnung (StVO)	Regelsatz in Euro (€), Fahrverbot in Monaten	Punkte nach dem BT-Kat-OWi
		(Zeichen 201, 205, 206) Spalte 3 Nummer 2, lfd. Nr. 8 (Zeichen 215) Spalte 3 Nummer 3, lfd. Nr. 15 (Zeichen 229) Spalte 3 Satz 1, lfd. Nr. 17 (Zeichen 238) Spalte 3 Nummer 2, lfd. Nr. 62 (Zeichen 283) Spalte 3, lfd. Nr. 63, 64 (Zeichen 286, 290.1) Spalte 3 Nummer 1, lfd. Nr. 66 (Zeichen 293) Spalte 3, lfd. Nr. 68 (Zeichen 295) Spalte 3 Nummer 2a, lfd. Nr. 70 (Zeichen 297) Spalte 3 Nummer 2, lfd. Nr. 73 (Zeichen 299) Spalte 3 Satz 1 § 49 Absatz 3 Nummer 4		
52.1	– mit Behinderung	§ 12 Absatz 1 Nummer 3, 4 § 1 Absatz 2 § 49 Absatz 1 Nummer 1, 12 § 41 Absatz 1 i.V.m. Anlage 2	40 €	

6

Lfd. Nr.	Tatbestand	Straßen-verkehrs-Ordnung (StVO)	Regelsatz in Euro (€), Fahrverbot in Monaten	Punkte nach dem BT-Kat-OWi
		lfd. Nr. 1, 2, 3 (Zeichen 201, 205, 206) Spalte 3 Nummer 2, lfd. Nr. 8 (Zeichen 215) Spalte 3 Nummer 3, lfd. Nr. 15 (Zeichen 229), Spalte 3 Satz 1, lfd. Nr. 17 (Zeichen 238) Spalte 3 Nummer 2, lfd. Nr. 62 (Zeichen 283) Spalte 3, lfd. Nr. 63, 64 (Zeichen 286, 290.1) Spalte 3 Nummer 1, lfd. Nr. 66 (Zeichen 293) Spalte 3, ltd. Nr. 68 (Zeichen 295) Spalte 3 Nummer 2a, lfd. Nr. 70 (Zeichen 297) Spalte 3 Nummer 2, lfd. Nr. 73 (Zeichen 299) Spalte 3 Satz 1 § 1 Absatz 2 § 49 Absatz 1 Nummer 1, Absatz 3 Nummer 4		
52.2	länger als 1 Stunde	§ 12 Absatz 1 Nummer 3, 4 § 49 Absatz 1 Nummer 12	40 €	

Lfd. Nr.	Tatbestand	Straßen-verkehrs-Ordnung (StVO)	Regelsatz in Euro (€), Fahrverbot in Monaten	Punkte nach dem BT-Kat-OWi
		§ 41 Absatz 1 i. V. m. Anlage 2 lfd. Nr. 1, 2, 3 (Zeichen 201, 205, 206) Spalte 3 Nummer 2, lfd. Nr. 8 (Zeichen 215) Spalte 3 Nummer 3, lfd. Nr. 15 (Zeichen 229, Spalte 3 Satz 1, lfd. Nr. 17 (Zeichen 238) Spalte 3 Nummer 2, lfd. Nr. 62 (Zeichen 283) Spalte 3, lfd. Nr. 63, 64 (Zeichen 286, 290.1) Spalte 3 Nummer 1, lfd. Nr. 66 (Zeichen 293) Spalte 3, lfd. Nr. 68 (Zeichen 295) Spalte 3 Nummer 2a, lfd. Nr. 70 (Zeichen 297) Spalte 3 Nummer 2, lfd. Nr. 73 (Zeichen 299) Spalte 3 Satz 1 § 49 Absatz 3 Nummer 4		
52.2.1	– mit Behinderung	§ 12 Absatz 1 Nummer 3, 4 § 1 Absatz 2	50 €	

6

Lfd. Nr.	Tatbestand	Straßen-verkehrs-Ordnung (StVO)	Regelsatz in Euro (€), Fahrverbot in Monaten	Punkte nach dem BT-Kat-OWi
		§ 49 Absatz 1 Nummer 1, 12 § 41 Absatz 1 i. V. m. Anlage 2 lfd. Nr. 1, 2, 3 (Zeichen 201, 205, 206) Spalte 3 Nummer 2, lfd. Nr. 8 (Zeichen 215) Spalte 3 Nummer 3, lfd. Nr. 15 (Zeichen 229) Spalte 3 Satz 1, lfd. Nr. 17 (Zeichen 238) Spalte 3 Nummer 2, lfd. Nr. 62 (Zeichen 283) Spalte 3, lfd. Nr. 63, 64 (Zeichen 286, 290.1) Spalte 3 Nummer 1, lfd. Nr. 66 (Zeichen 293) Spalte 3, lfd. Nr. 68 (Zeichen 295) Spalte 3 Nummer 2a, lfd. Nr. 70 (Zeichen 297) Spalte 3 Nummer 2, lfd. Nr. 73 (Zeichen 299) Spalte 3 Satz 1 § 1 Absatz 2 § 49 Absatz 1 Nummer 1, Absatz 3 Nummer 4		

6

Lfd. Nr.	Tatbestand	Straßen-verkehrs-Ordnung (StVO)	Regelsatz in Euro (€), Fahrverbot in Monaten	Punkte nach dem BT-Kat-OWi
52a	Unzulässig auf Geh- und Radwegen geparkt (§ 12 Absatz 2 StVO)	§ 12 Absatz 4 Satz 1, Absatz 4a § 49 Absatz 1 Nummer 12 § 41 Absatz 1 i. V. m. Anlage 2 lfd. Nr. 16, 19, 20 (Zeichen 237, 240, 241) Spalte 3 Nummer 2 § 49 Absatz 3 Nummer 4	55 €	
52a.1	– mit Behinderung	§ 12 Absatz 4 Satz 1, Absatz 4a § 1 Absatz 2 § 49 Absatz 1 Nummer 1, 12 § 41 Absatz 1 i. V. m. Anlage 2 lfd. Nr.16, 19, 20 (Zeichen 237, 240, 241) Spalte 3 Nummer 2 § 1 Absatz 2 § 49 Absatz 1 Nummer 1, Absatz 3 Nummer 4	70 €	1 Punkt
52a.2	länger als 1 Stunde	§ 12 Absatz 4 Satz 1, Absatz 4a § 49 Absatz 1 Nummer 12 § 41 Absatz 1 i. V. m. Anlage 2 lfd. Nr. 16, 19,	70 €	1 Punkt

6

Lfd. Nr.	Tatbestand	Straßen-verkehrs-Ordnung (StVO)	Regelsatz in Euro (€), Fahrverbot in Monaten	Punkte nach dem BT-Kat-OWi
		20 (Zeichen 237, 240, 241) Spalte 3 Nummer 2 § 49 Absatz 3 Nummer 4		
52a.2.1	– mit Behinderung	§ 12 Absatz 4 Satz 1, Absatz 4a § 1 Absatz 2 § 49 Absatz 1 Nummer 1, 12 § 41 Absatz 1 i. V. m. Anlage 2 lfd. Nr. 16, 19, 20 (Zeichen 237, 240, 241) Spalte 3 Nummer 2 § 1 Absatz 2 § 49 Absatz 1 Nummer 1, Absatz 3 Nummer 4	80 €	1 Punkt
52a.3	– mit Gefährdung		80 €	1 Punkt
52a.4	– mit Sach-beschädigung		100 €	1 Punkt
53	Vor oder in amt-lich gekennzeichne-ten Feuerwehrzu-fahrten geparkt (§ 12 Absatz 2 StVO)	§ 12 Absatz 1 Nummer 5 § 49 Absatz 1 Nummer 12	55 €	
53.1	und dadurch ein Rettungsfahrzeug im Einsatz behindert	§ 12 Absatz 1 Nummer 5 § 1 Absatz 2 § 49 Absatz 1 Nummer 1, 12	100 €	1 Punkt

6

Lfd. Nr.	Tatbestand	Straßen-verkehrs-Ordnung (StVO)	Regelsatz in Euro (€), Fahrverbot in Monaten	Punkte nach dem BT-Kat-OWi
54	Unzulässig geparkt (§ 12 Absatz 2 StVO) in den in § 12 Absatz 3 Nummer 1 bis 5 genannten Fällen oder in den Fällen der Zeichen 201, 295, 296, 306, 314 mit Zusatz-zeichen und 315 StVO	§ 12 Absatz 3 Nummer 1 bis 5 § 49 Absatz 1 Nummer 12 § 41 Absatz 1 i. V. m. Anlage 2 lfd. Nr. 1 (Zeichen 201) Spalte 3 Nummer 3, lfd. Nr. 68 (Zeichen 295) Spalte 3 Nummer 1d, lfd. Nr. 69 (Zeichen 296) Spalte 3 Nummer 2, § 49 Absatz 3 Nummer 4 § 42 Absatz 2 i. V. m. Anlage 3 lfd. Nr. 2 (Zeichen 306) Spalte 3 Satz 1, lfd. Nr. 7 (Zeichen 314 mit Zusatz-zeichen) Spalte 3 Nummer 1, 2 lfd. Nr. 10 (Zeichen 315) Spalte 3 Nummer 1, 2 § 49 Absatz 3 Nummer 5	10 €	

6

Lfd. Nr.	Tatbestand	StraßenverkehrsOrdnung (StVO)	Regelsatz in Euro (€), Fahrverbot in Monaten	Punkte nach dem BT-Kat-OWi
54.1	– mit Behinderung	§ 12 Absatz 3 Nummer 1 bis 5 § 1 Absatz 2 § 49 Absatz 1 Nummer 1, 12 § 41 Absatz 1 i. V. m. Anlage 2 lfd. Nr. 1 (Zeichen 201) Spalte 3 Nummer 3, lfd. Nr. 68 (Zeichen 295) Spalte 3 Nummer 1d, lfd. Nr. 69 (Zeichen 296) Spalte 3 Nummer 2, § 1 Absatz 2 § 49 Absatz 1 Nummer 1, Absatz 3 Nummer 4 § 42 Absatz 2 i. V. m. Anlage 3 lfd. Nr. 2 (Zeichen 306) Spalte 3 Satz 1, lfd. Nr. 7 (Zeichen 314 mit Zusatzzeichen) Spalte 3 Nummer 1, 2, lfd. Nr. 10 (Zeichen 315) Spalte 3 Nummer 1, 2 § 1 Absatz 2 § 49 Absatz 1 Nummer 1, Absatz 3 Nummer 5	15 €	

6

Lfd. Nr.	Tatbestand	Straßen-verkehrs-Ordnung (StVO)	Regelsatz in Euro (€), Fahrverbot in Monaten	Punkte nach dem BT-Kat-OWi
54.2	länger als 3 Stunden	§ 12 Absatz 3 Nummer 1 bis 5 § 49 Absatz 1 Nummer 12 § 41 Absatz 1 i.V.m. Anlage 2 lfd. Nr. 1 (Zeichen 201) Spalte 3 Nummer 3, lfd. Nr. 68 (Zeichen 295) Spalte 3 Nummer 1d, lfd. Nr. 69 (Zeichen 296) Spalte 3 Nummer 2, § 49 Absatz 3 Nummer 4 § 42 Absatz 2 i.V.m. Anlage 3 lfd. Nr. 2 (Zeichen 306) Spalte 3 Satz 1, lfd. Nr. 7 (Zeichen 314 mit Zusatz-zeichen) Spalte 3 Nummer 1, 2, lfd. Nr. 10 (Zeichen 315) Spalte 3 Nummer 1, 2 § 49 Absatz 3 Nummer 5	20 €	

6

Lfd. Nr.	Tatbestand	StraßenverkehrsOrdnung (StVO)	Regelsatz in Euro (€), Fahrverbot in Monaten	Punkte nach dem BT-Kat-OWi
54.2.1	– mit Behinderung	§ 12 Absatz 3 Nummer 1 bis 5 § 1 Absatz 2 § 49 Absatz 1 Nummer 1, 12 § 41 Absatz 1 i. V. m. Anlage 2 lfd. Nr. 1 (Zeichen 201) Spalte 3 Nummer 3, lfd. Nr. 68 (Zeichen 295) Spalte 3 Nummer 1d, lfd. Nr. 69 (Zeichen 296) Spalte 3 Nummer 2, § 1 Absatz 2 § 49 Absatz 1 Nummer 1, Absatz 3 Nummer 4 § 42 Absatz 2 i. V. m. Anlage 3 lfd. Nr. 2 (Zeichen 306) Spalte 3 Satz 1, lfd. Nr. 7 (Zeichen 314 mit Zusatzzeichen) Spalte 3 Nummer 1, 2, lfd. Nr. 10 (Zeichen 315) Spalte 3 Nummer 1, 2 § 1 Absatz 2 § 49 Absatz 1 Nummer 1, Absatz 3 Nummer 5	30 €	

6

Lfd. Nr.	Tatbestand	Straßen-verkehrs-Ordnung (StVO)	Regelsatz in Euro (€), Fahrverbot in Monaten	Punkte nach dem BT-Kat-OWi
54.3	Unzulässig gehalten in den Fällen des Zeichens 245 auch in Verbindung mit dem Zeichen 299	§ 41 Absatz 1 i. V. m. Anlage 2 lfd. Nr. 25 (Zeichen 245), Spalte 3 Nummer 1 auch i. V. m. lfd. Nr. 73 (Zeichen 299) Spalte 3 Satz 1 § 49 Absatz 3 Nummer 4	55 €	
54.3.1	– mit Behinderung	§ 41 Absatz 1 i. V. m. Anlage 2 lfd. Nr. 25 (Zeichen 245) Spalte 3 Nummer 1 auch i. V. m. lfd. Nr. 73 (Zeichen 299) Spalte 3 Satz 1 § 1 Absatz 2 § 49 Absatz 1 Nummer 1, Absatz 3 Nummer 4	70 €	
54.3.2	– mit Gefährdung		80 €	
54.3.3	– mit Sach-beschädigung		100 €	
54.4	Unzulässig geparkt in den Fällen der Zeichen 224, 245 jeweils auch in Verbindung mit dem Zeichen 299	§ 41 Absatz 1 i. V. m. Anlage 2 lfd. Nr. 14 (Zeichen 224) Spalte 3 Satz 1, lfd. Nr. 25 (Zeichen 245) Spalte 3 Nummer 1 auch i. V. m. lfd. Nr. 73	55 €	

6

Lfd. Nr.	Tatbestand	Straßen-verkehrs-Ordnung (StVO)	Regelsatz in Euro (€), Fahrverbot in Monaten	Punkte nach dem BT-Kat-OWi
		(Zeichen 299) Spalte 3 Satz 1 § 49 Absatz 3 Nummer 4		
54.4.1	– mit Behinderung	§ 41 Absatz 1 i. V. m. Anlage 2 lfd. Nr. 14 (Zeichen 224) Spalte 3 Satz 1, lfd. Nr. 25 (Zeichen 245) Spalte 3 Nummer 1 auch i. V. m. lfd. Nr. 73 (Zeichen 299) Spalte 3 Satz 1 § 1 Absatz 2 § 49 Absatz 1 Nummer 1, Absatz 3 Nummer 4	70 €	
54.4.2	– mit Gefährdung		80 €	
54.4.3	– mit Sach-beschädigung		100 €	
54.4.4	länger als 3 Stunden	§ 41 Absatz 1 i. V. m. Anlage 2 lfd. Nr. 14 (Zeichen 224) Spalte 3 Satz 1, lfd. Nr. 25 (Zeichen 245) Spalte 3 Satz 1 auch i. V. m. lfd. Nr. 73 (Zeichen 299) Spalte 3 Satz 1 § 49 Absatz 3 Nummer 4	70 €	

6

Lfd. Nr.	Tatbestand	Straßen-verkehrs-Ordnung (StVO)	Regelsatz in Euro (€), Fahrverbot in Monaten	Punkte nach dem BT-Kat-OWi
54. 4.4.1	– mit Behinderung	§ 41 Absatz 1 i. V. m. Anlage 2 lfd. Nr. 14 (Zeichen 224) Spalte 3 Satz 1, lfd. Nr. 25 (Zeichen 245) Spalte 3 Nummer 1 auch i. V. m. lfd. Nr. 73 (Zeichen 299) Spalte 3 Satz 1 § 1 Absatz 2 § 49 Absatz 1 Nummer 1, Absatz 3 Nummer 4	80 €	
54. 4.4.2	– mit Gefährdung		80 €	
54. 4.4.3	– mit Sach-beschädigung		100 €	
54a	Unzulässig auf Schutzstreifen für den Radverkehr (Zeichen 340) gehalten	§ 42 Absatz 2 i. V. m. Anlage 3 lfd. Nr. 22 (Zeichen 340) Spalte 3 Nummer 3 § 49 Absatz 3 Nummer 5	55 €	
54a.1	– mit Behinderung	§ 42 Absatz 2 i. V. m. Anlage 3 lfd. Nr. 22 (Zeichen 340) Spalte 3 Nummer 3 § 1 Absatz 2 § 49 Absatz 1 Nummer 1, Absatz 3 Nummer 5	70 €	1 Punkt

6

Lfd. Nr.	Tatbestand	StraßenverkehrsOrdnung (StVO)	Regelsatz in Euro (€), Fahrverbot in Monaten	Punkte nach dem BT-Kat-OWi
54a.2	– mit Gefährdung		80 €	1 Punkt
54a.3	– mit Sachbeschädigung		100 €	1 Punkt
55	Unberechtigt auf SchwerbehindertenParkplatz geparkt (§ 12 Absatz 2 StVO)	§ 42 Absatz 2 i. V. m. Anlage 3 lfd. Nr. 7 (Zeichen 314) Spalte 3 Nummer 1, 2d, lfd. Nr. 10 (Zeichen 315) Spalte 3 Nummer 1 Satz 2, Nummer 2d § 49 Absatz 3 Nummer 5	55 €	
55a	Unberechtigt auf einem Parkplatz für elektrisch betriebene Fahrzeuge geparkt (§ 12 Absatz 2 StVO; Zeichen 314, 315)	§ 42 Absatz 2 i. V. m. Anlage 3 lfd. Nr. 7 (Zeichen 314 mit Zusatzzeichen 1010-66) Spalte 3 Nummer 1, 3a, lfd. Nr. 10 (Zeichen 315 mit Zusatzzeichen 1010-66) Spalte 3 Nummer 1 Satz 2, Nummer 3a § 49 Absatz 3 Nummer 5	55 €	
55b	Unberechtigt auf einem Parkplatz für Carsharingfahrzeuge geparkt (§ 12 Absatz 2 StVO; Zeichen 314, 315)	§ 42 Absatz 2 i. V. m. Anlage 3 lfd. Nr. 7 (Zeichen 314 mit Zusatzzeichen 1010-70)	55 €	

Lfd. Nr.	Tatbestand	Straßen-verkehrs-Ordnung (StVO)	Regelsatz in Euro (€), Fahrverbot in Monaten	Punkte nach dem BT-Kat-OWi
		Spalte 3 Nummer 1, 4a, lfd. Nr. 10 (Zeichen 315 mit Zusatzzeichen 1010-70) Spalte 3 Nummer 1 Satz 2, Nummer 4a § 49 Absatz 3 Nummer 5		
56	In einem nach § 12 Absatz 3a Satz 1 StVO geschützten Bereich während nicht zugelassener Zeiten mit einem Kraftfahrzeug über 7,5 t zulässiger Gesamtmasse oder einem Kraftfahrzeuganhänger über 2 t zulässiger Gesamtmasse regelmäßig geparkt (§ 12 Absatz 2 StVO)	§ 12 Absatz 3a Satz 1 § 49 Absatz 1 Nummer 12	30 €	
57	Mit Kraftfahrzeuganhänger ohne Zugfahrzeug länger als zwei Wochen geparkt (§ 12 Absatz 2 StVO)	§ 12 Absatz 3b Satz 1 § 49 Absatz 1 Nummer 12	20 €	
58	In „zweiter Reihe" geparkt (§ 12 Absatz 2 StVO)	§ 12 Absatz 4 Satz 1 § 49 Absatz 1 Nummer 12	55 €	
58.1	– mit Behinderung	§ 12 Absatz 4 Satz 1 § 1 Absatz 2 § 49 Absatz 1 Nummer 1, 12	80 €	1 Punkt

Lfd. Nr.	Tatbestand	Straßen-verkehrs-Ordnung (StVO)	Regelsatz in Euro (€), Fahrverbot in Monaten	Punkte nach dem BT-Kat-OWi
58.1.1	– mit Gefährdung		90 €	1 Punkt
58.1.2	– mit Sach-beschädigung		110 €	1 Punkt
58.2	länger als 15 Minuten	§ 12 Absatz 4 Satz 1 § 49 Absatz 1 Nummer 12	85 €	1 Punkt
58.2.1	– mit Behinderung	§ 12 Absatz 4 Satz 1 § 1 Absatz 2 § 49 Absatz 1 Nummer 1, 12	90 €	1 Punkt
59	Im Fahrraum von Schienenfahrzeugen gehalten	§ 12 Absatz 4 Satz 5 § 49 Absatz 1 Nummer 12	20 €	
59.1	– mit Behinderung	§ 12 Absatz 4 Satz 5 § 1 Absatz 2 § 49 Absatz 1 Nummer 1, 12	30 €	
60	Im Fahrraum von Schienenfahrzeugen geparkt (§ 12 Absatz 2 StVO)	§ 12 Absatz 4 Satz 5 § 49 Absatz 1 Nummer 12	55 €	
60.1	– mit Behinderung	§ 12 Absatz 4 Satz 5 § 1 Absatz 2 § 49 Absatz 1 Nummer 1, 12	70 €	
61	Vorrang des Berechtigten beim Einparken in eine Parklücke nicht beachtet	§ 12 Absatz 5 § 49 Absatz 1 Nummer 12	10 €	
62	Nicht Platz sparend gehalten oder geparkt (§ 12 Absatz 2 StVO)	§ 12 Absatz 6 § 49 Absatz 1 Nummer 12	10 €	

6

Lfd. Nr.	Tatbestand	Straßen-verkehrs-Ordnung (StVO)	Regelsatz in Euro (€), Fahrverbot in Monaten	Punkte nach dem BT-Kat-OWi
	Einrichtungen zur Überwachung der Parkzeit			
63	An einer abgelaufenen Parkuhr, ohne vorgeschriebene Parkscheibe, ohne Parkschein oder unter Überschreiten der erlaubten Höchstparkdauer geparkt (§ 12 Absatz 2 StVO)	§ 13 Absatz 1, 2 § 49 Absatz 1 Nummer 13	20 €	
63.1	bis zu 30 Minuten		20 €	
63.2	bis zu 1 Stunde		25 €	
63.3	bis zu 2 Stunden		30 €	
63.4	bis zu 3 Stunden		35 €	
63.5	länger als 3 Stunden		40 €	
	Sorgfaltspflichten beim Ein- und Aussteigen			
64	Beim Ein- oder Aussteigen einen anderen Verkehrsteilnehmer gefährdet	§ 14 Absatz 1 § 49 Absatz 1 Nummer 14	40 €	
64.1	– mit Sachbeschädigung	§ 14 Absatz 1 § 1 Absatz 2 § 49 Absatz 1 Nummer 1, 14	50 €	
65	Fahrzeug verlassen, ohne die nötigen Maßnahmen getroffen zu haben, um Unfälle oder Verkehrsstörungen zu vermeiden	§ 14 Absatz 2 Satz 1 § 49 Absatz 1 Nummer 14	15 €	
65.1	– mit Sachbeschädigung	§ 14 Absatz 2 Satz 1 § 1 Absatz 2 § 49 Absatz 1 Nummer 1, 14	25 €	

Lfd. Nr.	Tatbestand	Straßen-verkehrs-Ordnung (StVO)	Regelsatz in Euro (€), Fahrverbot in Monaten	Punkte nach dem BT-Kat-OWi
	Liegenbleiben von Fahrzeugen			
66	Liegen gebliebenes mehrspuriges Fahrzeug nicht oder nicht wie vorgeschrieben abgesichert, beleuchtet oder kenntlich gemacht und dadurch einen Anderen gefährdet	§ 15, auch i. V. m. § 17 Absatz 4 Satz 1, 3 § 1 Absatz 2 § 49 Absatz 1 Nummer 1, 15	60 €	1 Punkt
	Abschleppen von Fahrzeugen			
67	Beim Abschleppen eines auf der Autobahn liegen gebliebenen Fahrzeugs die Autobahn nicht bei der nächsten Ausfahrt verlassen oder mit einem außerhalb der Autobahn liegen gebliebenen Fahrzeug in die Autobahn eingefahren	§ 15a Absatz 1, 2 § 49 Absatz 1 Nummer 15a	20 €	
68	Während des Abschleppens Warnblinklicht nicht eingeschaltet	§ 15a Absatz 3 § 49 Absatz 1 Nummer 15a	5 €	
69	Kraftrad abgeschleppt	§ 15a Absatz 4 § 49 Absatz 1 Nummer 15a	10 €	
	Warnzeichen			
70	Missbräuchlich Schall- oder Leuchtzeichen gegeben und dadurch einen Anderen belästigt oder Schallzeichen gegeben, die aus einer Folge verschieden hoher Töne bestehen	§ 16 Absatz 1, 3 § 1 Absatz 2 § 49 Absatz 1 Nummer 1, 16	10 €	

6

Lfd. Nr.	Tatbestand	Straßen-verkehrs-Ordnung (StVO)	Regelsatz in Euro (€), Fahrverbot in Monaten	Punkte nach dem BT-Kat-OWi
71	Einen Omnibus des Linienverkehrs oder einen gekennzeich-neten Schulbus ge-führt und Warnblink-licht bei Annäherung an eine Haltestelle oder für die Dauer des Ein- und Ausstei-gens der Fahrgäste entgegen der stra-ßenverkehrsbehörd-lichen Anordnung nicht eingeschaltet	§ 16 Absatz 2 Satz 1 § 49 Absatz 1 Nummer 16	10 €	
72	Warnblinklicht missbräuchlich eingeschaltet	§ 16 Absatz 2 Satz 2 § 49 Absatz 1 Nummer 16	5 €	
	Beleuchtung			
73	Vorgeschriebene Beleuchtungsein-richtungen nicht oder nicht vor-schriftsmäßig be-nutzt, obwohl die Sichtverhältnisse es erforderten, oder nicht rechtzeitig abgeblen-det oder Beleuch-tungseinrichtungen in verdecktem oder beschmutztem Zustand benutzt	§ 17 Absatz 1, 2 Satz 3, Absatz 3 Satz 2, 5, Absatz 6 § 49 Absatz 1 Nummer 17	20 €	
73.1	– mit Gefährdung	§ 17 Absatz 1, 2 Satz 3, Absatz 3 Satz 2, 5, Absatz 6 § 1 Absatz 2 § 49 Absatz 1 Nummer 1, 17	25 €	

6

Lfd. Nr.	Tatbestand	Straßen-verkehrs-Ordnung (StVO)	Regelsatz in Euro (€), Fahrverbot in Monaten	Punkte nach dem BT-Kat-OWi
73.2	– mit Sach-beschädigung		35 €	
74	Nur mit Standlicht oder auf einer Straße mit durchgehender, ausreichender Be-leuchtung mit Fern-licht gefahren oder mit einem Kraftrad am Tage nicht mit Abblendlicht oder eingeschalteten Tagfahrleuchten gefahren	§ 17 Absatz 2 Satz 1, 2, Absatz 2a § 49 Absatz 1 Nummer 17	10 €	
74.1	– mit Gefährdung	§ 17 Absatz 2 Satz 1, 2, Absatz 2a § 1 Absatz 2 § 49 Absatz 1 Nummer 1, 17	15 €	
74.2	– mit Sach-beschädigung		35 €	
75	Bei erheblicher Sicht-behinderung durch Nebel, Schneefall oder Regen inner-halb geschlossener Ortschaften am Tage nicht mit Abblend-licht gefahren	§ 17 Absatz 3 Satz 1 § 49 Absatz 1 Nummer 17	25 €	
75.1	– mit Sach-beschädigung	§ 17 Absatz 3 Satz 1 § 1 Absatz 2 § 49 Absatz 1 Nummer 1, 17	35 €	
76	Bei erheblicher Sichtbehinderung durch Nebel, Schnee-fall oder Regen	§ 17 Absatz 3 Satz 1 § 49 Absatz 1 Nummer 17	60 €	1 Punkt

6

Lfd. Nr.	Tatbestand	Straßen-verkehrs-Ordnung (StVO)	Regelsatz in Euro (€), Fahrverbot in Monaten	Punkte nach dem BT-Kat-OWi
	außerhalb geschlossener Ortschaften am Tage nicht mit Abblendlicht gefahren			
77	Haltendes mehrspuriges Fahrzeug nicht oder nicht wie vorgeschrieben beleuchtet oder kenntlich gemacht	§ 17 Absatz 4 Satz 1, 3 § 49 Absatz 1 Nummer 17	20 €	
77.1	– mit Sachbeschädigung	§ 17 Absatz 4 Satz 1, 3 § 1 Absatz 2 § 49 Absatz 1 Nummer 1, 17	35 €	
	Autobahnen und Kraftfahrstraßen			
78	Autobahn oder Kraftfahrstraße mit einem Fahrzeug benutzt, dessen durch die Bauart bestimmte Höchstgeschwindigkeit weniger als 60 km/h betrug oder dessen zulässige Höchstabmessungen zusammen mit der Ladung überschritten waren, soweit die Gesamthöhe nicht mehr als 4,20 m betrug	§ 18 Absatz 1 § 49 Absatz 1 Nummer 18	20 €	
79	Autobahn oder Kraftfahrstraße mit einem Fahrzeug benutzt, dessen Höhe zusammen mit der Ladung mehr als 4,20 m betrug	§ 18 Absatz 1 Satz 2 § 49 Absatz 1 Nummer 18	70 €	1 Punkt

6

Lfd. Nr.	Tatbestand	StraßenverkehrsOrdnung (StVO)	Regelsatz in Euro (€), Fahrverbot in Monaten	Punkte nach dem BT-Kat-OWi
80	An dafür nicht vorgesehener Stelle eingefahren	§ 18 Absatz 2 § 49 Absatz 1 Nummer 18	25 €	
80.1	– mit Gefährdung	§ 18 Absatz 2 § 1 Absatz 2 § 49 Absatz 1 Nummer 1, 18	75 €	1 Punkt
(81)	(weggefallen)			
82	Beim Einfahren Vorfahrt auf der durchgehenden Fahrbahn nicht beachtet	§ 18 Absatz 3 § 49 Absatz 1 Nummer 18	75 €	1 Punkt
83	Gewendet, rückwärts oder entgegen der Fahrtrichtung gefahren	§ 18 Absatz 7 § 2 Absatz 1 § 49 Absatz 1 Nummer 2, 18		
83.1	in einer Ein- oder Ausfahrt		75 €	1 Punkt
83.2	auf der Nebenfahrbahn oder dem Seitenstreifen		130 €	1 Punkt
83.3	auf der durchgehenden Fahrbahn		200 € **Fahrverbot 1 Monat**	2 Punkte
84	Auf einer Autobahn oder Kraftfahrstraße gehalten	§ 18 Absatz 8 § 49 Absatz 1 Nummer 18	30 €	
85	Auf einer Autobahn oder Kraftfahrstraße geparkt (§ 12 Absatz 2 StVO)	§ 18 Absatz 8 § 49 Absatz 1 Nummer 18	70 €	1 Punkt
86	Als zu Fuß Gehender Autobahn betreten oder Kraftfahrstraße an dafür nicht vorgesehener Stelle betreten	§ 18 Absatz 9 § 49 Absatz 1 Nummer 18	10 €	

Lfd. Nr.	Tatbestand	StraßenverkehrsOrdnung (StVO)	Regelsatz in Euro (€), Fahrverbot in Monaten	Punkte nach dem BT-Kat-OWi
87	An dafür nicht vorgesehener Stelle ausgefahren	§ 18 Absatz 10 § 49 Absatz 1 Nummer 18	25 €	
87a	Mit einem Lastkraftwagen über 7,5 t zulässiger Gesamtmasse, einschließlich Anhänger, oder einer Zugmaschine den äußerst linken Fahrstreifen bei Schneeglätte oder Glatteis oder, obwohl die Sichtweite durch erheblichen Schneefall oder Regen auf 50 m oder weniger eingeschränkt ist, benutzt	§ 18 Absatz 11 § 49 Absatz 1 Nummer 18	80 €	1 Punkt
88	Seitenstreifen zum Zweck des schnelleren Vorwärtskommens benutzt	§ 2 Absatz 1 § 49 Absatz 1 Nummer 2	75 €	1 Punkt
	Bahnübergänge			
89	Mit einem Fahrzeug den Vorrang eines Schienenfahrzeugs nicht beachtet	§ 19 Absatz 1 Satz 1 § 49 Absatz 1 Nummer 19 Buchstabe a	80 €	1 Punkt
89a	Kraftfahrzeug an einem Bahnübergang (Zeichen 151, 156 bis einschließlich Kreuzungsbereich von Schiene und Straße) unzulässig überholt	§ 19 Absatz 1 Satz 3 § 49 Absatz 1 Nummer 19 Buchstabe a	70 €	1 Punkt

6

Lfd. Nr.	Tatbestand	Straßen-verkehrs-Ordnung (StVO)	Regelsatz in Euro (€), Fahrverbot in Monaten	Punkte nach dem BT-Kat-OWi
89b	Bahnübergang unter Verstoß gegen die Wartepflicht nach § 19 Absatz 2 StVO überquert			
89b.1	in den Fällen des § 19 Absatz 2 Satz 1 Nummer 1 StVO	§ 19 Absatz 2 Satz 1 Nummer 1 § 49 Absatz 1 Nummer 19 Buchstabe a	80 €	1 Punkt
89b.2	in den Fällen des § 19 Absatz 2 Satz 1 Nummer 2 bis 5 StVO (außer bei geschlossener Schranke)	§ 19 Absatz 2 Satz 1 Num-mer 2 bis 5 § 49 Absatz 1 Nummer 19 Buchstabe a	240 € **Fahrverbot 1 Monat**	2 Punkte
90	Vor einem Bahnüber-gang Wartepflichten verletzt	§ 19 Absatz 2 bis 5 § 49 Absatz 1 Nummer 19 Buchstabe a	10 €	
	Öffentliche Verkehrsmittel und Schulbusse			
91	An einem Omnibus des Linienverkehrs, einer Straßenbahn oder einem gekenn-zeichneten Schulbus nicht mit Schrittge-schwindigkeit rechts vorbeigefahren, obwohl diese an einer Haltestelle (Zeichen 224) hielten und Fahrgäste ein- oder ausstiegen (soweit nicht von Nummer 11 erfasst)	§ 20 Absatz 2 Satz 1 § 49 Absatz 1 Nummer 19 Buchstabe b	15 €	

6

Lfd. Nr.	Tatbestand	Straßen-verkehrs-Ordnung (StVO)	Regelsatz in Euro (€), Fahrverbot in Monaten	Punkte nach dem BT-Kat-OWi
92	An einer Haltestelle (Zeichen 224) an einem haltenden Omnibus des Linienverkehrs, einer haltenden Straßenbahn oder einem haltenden gekennzeichneten Schulbus nicht mit Schrittgeschwindigkeit oder ohne ausreichenden Abstand rechts vorbeigefahren oder nicht gewartet, obwohl dies nötig war und Fahrgäste ein- oder ausstiegen, und dadurch einen Fahrgast			
92.1	behindert	§ 20 Absatz 2 § 49 Absatz 1 Nummer 19 Buchstabe b	60 €, soweit sich nicht aus Nummer 11 ein höherer Regelsatz ergibt	1 Punkt
92.2	gefährdet	§ 20 Absatz 2 Satz 1, 3 § 1 Absatz 2 § 49 Absatz 1 Nummer 1, 19 Buchstabe b	70 €, soweit sich nicht aus Nummer 11, auch i. V. m. Tabelle 4, ein höherer Regelsatz ergibt	1 Punkt

6

Lfd. Nr.	Tatbestand	Straßen-verkehrs-Ordnung (StVO)	Regelsatz in Euro (€), Fahrverbot in Monaten	Punkte nach dem BT-Kat-OWi
93	Omnibus des Linien-verkehrs oder ge-kennzeichneten Schulbus, der sich mit eingeschaltetem Warnblinklicht einer Haltestelle (Zeichen 224) nähert, überholt	§ 20 Absatz 3 § 49 Absatz 1 Nummer 19 Buchstabe b	60 €	1 Punkt
94	An einem Omnibus des Linienverkehrs oder einem gekenn-zeichneten Schulbus nicht mit Schrittge-schwindigkeit vor-beigefahren, obwohl dieser an einer Haltestelle (Zeichen 224) hielt und Warn-blinklicht einge-schaltet hatte (so-weit nicht von Nummer 11 erfasst)	§ 20 Absatz 4 Satz 1, 2 § 49 Absatz 1 Nummer 19 Buchstabe b	15 €	
95	An einem Omnibus des Linienverkehrs oder einem gekenn-zeichneten Schulbus, die an einer Halte-stelle (Zeichen 224) hielten und Warn-blinklicht einge-schaltet hatten, nicht mit Schritt-geschwindigkeit oder ohne ausreichendem Abstand vorbei-gefahren oder nicht gewartet, obwohl dies nötig war, und dadurch einen Fahrgast			

6

Lfd. Nr.	Tatbestand	Straßen-verkehrs-Ordnung (StVO)	Regelsatz in Euro (€), Fahrverbot in Monaten	Punkte nach dem BT-Kat-OWi
95.1	behindert	§ 20 Absatz 4 § 49 Absatz 1 Nummer 19 Buchstabe b	60 €, soweit sich nicht aus Nummer 11 ein höherer Regelsatz ergibt	1 Punkt
95.2	gefährdet	§ 20 Absatz 4 Satz 1, 2, 4 § 1 Absatz 2 § 49 Absatz 1 Nummer 1, 19 Buchstabe b	70 €, soweit sich nicht aus Nummer 11, auch i. V. m. Tabelle 4, ein höherer Regelsatz ergibt	1 Punkt
96	Einem Omnibus des Linienverkehrs oder einem Schul-bus das Abfahren von einer gekenn-zeichneten Halte-stelle nicht ermög-licht	§ 20 Absatz 5 § 49 Absatz 1 Nummer 19 Buchstabe b	5 €	
96.1	– mit Gefährdung	§ 20 Absatz 5 § 1 Absatz 2 § 49 Absatz 1 Nummer 1, 19 Buchstabe b	20 €	
96.2	– mit Sach-beschädigung		30 €	
	Personenbeförderung, Sicherungspflichten			
97	Gegen eine Vor-schrift über die Mitnahme von Personen auf oder in Fahrzeugen ver-stoßen	§ 21 Absatz 1, 2, 3 § 49 Absatz 1 Nummer 20	5 €	

6

Lfd. Nr.	Tatbestand	Straßen-verkehrs-Ordnung (StVO)	Regelsatz in Euro (€), Fahrverbot in Monaten	Punkte nach dem BT-Kat-OWi
98	Ein Kind mitgenommen, ohne für die vorschriftsmäßige Sicherung zu sorgen (außer in KOM über 3,5 t zulässige Gesamtmasse)	§ 21 Absatz 1a Satz 1 § 21a Absatz 1 Satz 1 § 49 Absatz 1 Nummer 20, 20a	5 €	
98.1	bei einem Kind		30 €	
98.2	bei mehreren Kindern		35 €	
99	Ein Kind ohne Sicherung mitgenommen oder nicht für eine Sicherung eines Kindes in einem Kfz gesorgt (außer in Kraftomnibus über 3,5 t zulässige Gesamtmasse) oder beim Führen eines Kraftrades ein Kind befördert, obwohl es keinen Schutzhelm trug	§ 21 Absatz 1a Satz 1 § 21a Absatz 1 Satz 1, Absatz 2 § 49 Absatz 1 Nummer 20, 20a		
99.1	bei einem Kind		60 €	1 Punkt
99.2	bei mehreren Kindern		70 €	1 Punkt
100	Vorgeschriebenen Sicherheitsgurt während der Fahrt nicht angelegt	§ 21a Absatz 1 Satz 1 § 49 Absatz 1 Nummer 20a	30 €	
100.1	Vorgeschriebenes Rollstuhl-Rückhaltesystem oder Rollstuhlnutzer-Rückhaltesystem während der Fahrt nicht angelegt	§ 21a Absatz 1 Satz 1 § 49 Absatz 1 Nummer 20a	30 €	

6

Lfd. Nr.	Tatbestand	Straßen-verkehrs-Ordnung (StVO)	Regelsatz in Euro (€), Fahrverbot in Monaten	Punkte nach dem BT-Kat-OWi
101	Während der Fahrt keinen geeigneten Schutzhelm getragen	§ 21a Absatz 2 Satz 1 § 49 Absatz 1 Nummer 20a	15 €	
	Ladung			
102	Ladung oder Ladeein-richtung nicht so ver-staut oder gesichert, dass sie selbst bei Vollbremsung oder plötzlicher Ausweich-bewegung nicht verrutschen, umfallen, hin- und herrollen oder herabfallen können			
102.1	bei Lastkraftwagen oder Kraftomnibussen bzw. ihren Anhängern	§ 22 Absatz 1 § 49 Absatz 1 Nummer 21	60 €	1 Punkt
102.1.1	– mit Gefährdung	§ 22 Absatz 1 § 1 Absatz 2 § 49 Absatz 1 Nummer 1, 21	75 €	1 Punkt
102.2	bei anderen als in Nummer 102.1 ge-nannten Kraftfahr-zeugen bzw. ihren Anhängern	§ 22 Absatz 1 § 49 Absatz 1 Nummer 21	35 €	
102.2.1	– mit Gefährdung	§ 22 Absatz 1 § 1 Absatz 2 § 49 Absatz 1 Nummer 1, 21	60 €	1 Punkt
103	Ladung oder Ladeein-richtung nicht so ver-staut oder gesichert, dass sie keinen ver-meidbaren Lärm erzeugen können	§ 22 Absatz 1 § 49 Absatz 1 Nummer 21	10 €	

6

Lfd. Nr.	Tatbestand	Straßen-verkehrs-Ordnung (StVO)	Regelsatz in Euro (€), Fahrverbot in Monaten	Punkte nach dem BT-Kat-OWi
104	Fahrzeug geführt, dessen Höhe zusammen mit der Ladung mehr als 4,20 m betrug	§ 22 Absatz 2 Satz 1 § 49 Absatz 1 Nummer 21	60 €	1 Punkt
105	Fahrzeug geführt, das zusammen mit der Ladung eine der höchstzulässigen Abmessungen überschritt, soweit die Gesamthöhe nicht mehr als 4,20 m betrug, oder dessen Ladung unzulässig über das Fahrzeug hinausragte	§ 22 Absatz 2, 3, 4 Satz 1, 2, 5 Satz 2 § 49 Absatz 1 Nummer 21	20 €	
106	Vorgeschriebene Sicherungsmittel nicht oder nicht ordnungsgemäß angebracht	§ 22 Absatz 4 Satz 3 bis 5, Absatz 5 Satz 1 § 49 Absatz 1 Nummer 21	25 €	
	Sonstige Pflichten des Fahrzeugführenden			
107	Beim Führen eines Fahrzeugs nicht dafür gesorgt, dass			
107.1	seine Sicht oder das Gehör durch die Besetzung, Tiere, die Ladung, ein Gerät oder den Zustand des Fahrzeugs nicht beeinträchtigt waren	§ 23 Absatz 1 Satz 1 § 49 Absatz 1 Nummer 22	10 €	
107.2	das Fahrzeug, der Zug, das Gespann, die Ladung oder die Besetzung vorschriftsmäßig waren oder die Verkehrssicherheit des Fahrzeugs durch die Ladung oder die Besetzung nicht litt	§ 23 Absatz 1 Satz 2 § 49 Absatz 1 Nummer 22	25 €	

Lfd. Nr.	Tatbestand	Straßen-verkehrs-Ordnung (StVO)	Regelsatz in Euro (€), Fahrverbot in Monaten	Punkte nach dem BT-Kat-OWi
107.3	die vorgeschriebenen Kennzeichen stets gut lesbar waren	§ 23 Absatz 1 Satz 3 § 49 Absatz 1 Nummer 22	5 €	
107.4	an einem Kraftfahr-zeug, an dessen Anhänger oder an einem Fahrrad die vorgeschriebene Beleuchtungseinrich-tung auch am Tage vorhanden oder betriebsbereit war	§ 23 Absatz 1 Satz 4 § 49 Absatz 1 Nummer 22	20 €	
107.4.1	– mit Gefährdung	§ 23 Absatz 1 Satz 4 § 1 Absatz 2 § 49 Absatz 1 Nummer 1, 22	25 €	
107.4.2	– mit Sach-beschädigung		35 €	
108	Beim Führen eines Fahrzeugs nicht dafür gesorgt, dass das Fahrzeug, der Zug, das Gespann, die Ladung oder die Besetzung vorschriftsmäßig waren, wenn dadurch die Verkehrssicherheit wesentlich beein-trächtigt war oder die Verkehrssicherheit des Fahrzeugs durch die Ladung oder die Besetzung wesentlich litt	§ 23 Absatz 1 Satz 2 § 49 Absatz 1 Nummer 22	80 €	1 Punkt
(109)	(weggefallen)			
(109a)	(weggefallen)			

6

Lfd. Nr.	Tatbestand	Straßen-verkehrs-Ordnung (StVO)	Regelsatz in Euro (€), Fahrverbot in Monaten	Punkte nach dem BT-Kat-OWi
110	Fahrzeug, Zug oder Gespann nicht auf dem kürzesten Weg aus dem Verkehr gezogen, obwohl unterwegs die Ver-kehrssicherheit wesentlich beein-trächtigende Mängel aufgetreten waren, die nicht alsbald beseitigt werden konnten	§ 23 Absatz 2 Halbsatz 1 § 49 Absatz 1 Nummer 22	10 €	
	Fußgänger			
111	Trotz vorhandenen Gehwegs oder Seiten-streifens auf der Fahrbahn oder außer-halb geschlossener Ortschaften nicht am linken Fahrbahnrand gegangen	§ 25 Absatz 1 Satz 2, 3 Halb-satz 2 § 49 Absatz 1 Nummer 24 Buchstabe a	5 €	
112	Fahrbahn ohne Be-achtung des Fahr-zeugverkehrs oder nicht zügig auf dem kürzesten Weg quer zur Fahrtrichtung oder an nicht vorge-sehener Stelle über-schritten	§ 25 Absatz 3 Satz 1 § 49 Absatz 1 Nummer 24 Buchstabe a		
112.1	– mit Gefährdung	§ 25 Absatz 3 Satz 1 § 1 Absatz 2 § 49 Absatz 1 Nummer 1, 24 Buchstabe a	5 €	
112.2	– mit Sach-beschädigung		10 €	

6

Lfd. Nr.	Tatbestand	Straßen-verkehrs-Ordnung (StVO)	Regelsatz in Euro (€), Fahrverbot in Monaten	Punkte nach dem BT-Kat-OWi
	Fußgängerüberweg			
113	An einem Fußgänger-überweg, den zu Fuß Gehende oder Fah-rende von Kranken-fahrstühlen oder Rollstühlen erkennbar benutzen wollten, das Überqueren der Fahrbahn nicht er-möglicht oder nicht mit mäßiger Ge-schwindigkeit heran-gefahren oder an einem Fußgänger-überweg überholt	§ 26 Absatz 1, 3 § 49 Absatz 1 Nummer 24 Buchstabe b	80 €	1 Punkt
114	Bei stockendem Verkehr auf einen Fußgängerüberweg gefahren	§ 26 Absatz 2 § 49 Absatz 1 Nummer 24 Buchstabe b	5 €	
	Übermäßige Straßenbenutzung			
115	Als Veranstalter erlaubnispflichtige Veranstaltung ohne Erlaubnis durchge-führt	§ 29 Absatz 2 Satz 1 § 49 Absatz 2 Nummer 6	40 €	
116	Ohne Erlaubnis ein Fahrzeug oder einen Zug geführt, dessen Abmessungen, Achs-lasten oder Gesamt-masse die gesetzlich allgemein zugelasse-nen Grenzen tatsäch-lich überschritten oder dessen Bauart dem Fahrzeugführen-den kein ausreichen-des Sichtfeld ließ	§ 29 Absatz 3 § 49 Absatz 2 Nummer 7	60 €	1 Punkt

6

Lfd. Nr.	Tatbestand	Straßen-verkehrs-Ordnung (StVO)	Regelsatz in Euro (€), Fahrverbot in Monaten	Punkte nach dem BT-Kat-OWi
	Umweltschutz			
117	Bei Benutzung eines Fahrzeugs unnötigen Lärm oder vermeidbare Abgasbelästigungen verursacht	§ 30 Absatz 1 Satz 1, 2 § 49 Absatz 1 Nummer 25	80 €	
118	Innerhalb einer geschlossenen Ortschaft unnütz hin- und hergefahren und dadurch Andere belästigt	§ 30 Absatz 1 Satz 3 § 49 Absatz 1 Nummer 25	100 €	
	Sonn- und Feiertagsfahrverbot			
119	Verbotswidrig an einem Sonntag oder Feiertag gefahren	§ 30 Absatz 3 Satz 1 § 49 Absatz 1 Nummer 25	120 €	
120	Als Halter das verbotswidrige Fahren an einem Sonntag oder Feiertag angeordnet oder zugelassen	§ 30 Absatz 3 Satz 1 § 49 Absatz 1 Nummer 25	570 €	
	Inline-Skaten und Rollschuhfahren			
120a	Beim Inline-Skaten oder Rollschuhfahren Fahrbahn, Seitenstreifen oder Radweg unzulässig benutzt oder bei durch Zusatzzeichen erlaubtem Inline-Skaten und Rollschuhfahren sich nicht mit äußerster Vorsicht und unter besonderer Rücksichtnahme auf den übrigen Verkehr am rechten Rand in Fahrtrichtung bewegt oder Fahrzeugen das Überholen nicht ermöglicht	§ 31 Absatz 1 Satz 1, Absatz 2 Satz 3 § 49 Absatz 1 Nummer 26	10 €	

Lfd. Nr.	Tatbestand	Straßen-verkehrs-Ordnung (StVO)	Regelsatz in Euro (€), Fahrverbot in Monaten	Punkte nach dem BT-Kat-OWi
120a.1	– mit Behinderung	§ 31 Absatz 1 Satz 1, Absatz 2 Satz 3 § 1 Absatz 2 § 49 Absatz 1 Nummer 1, 26	15 €	
120a.2	– mit Gefährdung		20 €	
	Verkehrshindernisse			
121	Straße beschmutzt oder benetzt, obwohl dadurch der Verkehr gefährdet oder er-schwert werden konnte	§ 32 Absatz 1 Satz 1 § 49 Absatz 1 Nummer 27	10 €	
122	Verkehrswidrigen Zustand nicht oder nicht rechtzeitig beseitigt oder nicht ausreichend kenntlich gemacht	§ 32 Absatz 1 Satz 2 § 49 Absatz 1 Nummer 27	10 €	
123	Gegenstand auf eine Straße gebracht oder dort liegen gelassen, obwohl dadurch der Verkehr gefährdet oder erschwert wer-den konnte	§ 32 Absatz 1 Satz 1 § 49 Absatz 1 Nummer 27	60 €	1 Punkt
124	Gefährliches Gerät nicht wirksam ver-kleidet	§ 32 Absatz 2 § 49 Absatz 1 Nummer 27	5 €	
	Unfall			
125	Als an einem Unfall beteiligte Person den Verkehr nicht gesichert oder bei geringfügi-gem Schaden nicht unverzüglich beiseite gefahren	§ 34 Absatz 1 Nummer 2 § 49 Absatz 1 Nummer 29	30 €	

6

Lfd. Nr.	Tatbestand	Straßen-verkehrs-Ordnung (StVO)	Regelsatz in Euro (€), Fahrverbot in Monaten	Punkte nach dem BT-Kat-OWi
125.1	– mit Sach-beschädigung	§ 34 Absatz 1 Nummer 2 § 1 Absatz 2 § 49 Absatz 1 Nummer 1, 29	35 €	
126	Unfallspuren besei-tigt, bevor die not-wendigen Feststel-lungen getroffen worden waren	§ 34 Absatz 3 § 49 Absatz 1 Nummer 29	30 €	
	Warnkleidung			
127	Bei Arbeiten außer-halb von Gehwegen oder Absperrungen keine auffällige Warn-kleidung getragen	§ 35 Absatz 6 Satz 4 § 49 Absatz 4 Nummer 1a	5 €	
.	*Zeichen und Weisungen der Polizeibeamten*			
128	Weisung eines Poli-zeibeamten nicht befolgt	§ 36 Absatz 1 Satz 1, Absatz 3, Absatz 5 Satz 4 § 49 Absatz 3 Nummer 1	20 €	
129	Zeichen oder Halt-gebot eines Polizei-beamten nicht befolgt	§ 36 Absatz 1 Satz 1, Absatz 2, Absatz 4, Absatz 5 Satz 4 § 49 Absatz 3 Nummer 1	70 €	1 Punkt
	Wechsellichtzeichen, Dauerlichtzeichen und Grünpfeil			
130	Beim zu Fuß Gehen rotes Wechsellicht-zeichen nicht befolgt oder den Weg beim Überschreiten der Fahrbahn beim Wech-sel von Grün auf Rot nicht zügig fort-gesetzt	§ 37 Absatz 2 Nummer 1 Satz 7, Num-mer 2, 5 Satz 3 § 49 Absatz 3 Nummer 2	5 €	

6

Lfd. Nr.	Tatbestand	Straßen-verkehrs-Ordnung (StVO)	Regelsatz in Euro (€), Fahrverbot in Monaten	Punkte nach dem BT-Kat-OWi
130.1	– mit Gefährdung	§ 37 Absatz 2 Nummer 1 Satz 7, Nummer 2, 5 Satz 3 § 1 Absatz 2 § 49 Absatz 1 Nummer 1, Absatz 3 Nummer 2	5 €	
130.2	– mit Sach-beschädigung		10 €	
131	Beim Rechtsabbiegen mit Grünpfeil			
131.1	aus einem anderen als dem rechten Fahrstreifen abgebogen	§ 37 Absatz 2 Nummer 1 Satz 9 § 49 Absatz 3 Nummer 2	15 €	
131.2	den Fahrzeugverkehr der freigegebenen Verkehrsrichtungen, ausgenommen den Fahrradverkehr auf Radwegfurten, behindert	§ 37 Absatz 2 Nummer 1 Satz 12 § 49 Absatz 3 Nummer 2	35 €	
132	Als Kfz-Führer in anderen als den Fällen des Rechtsabbiegens mit Grünpfeil rotes Wechsellichtzeichen oder rotes Dauerlichtzeichen nicht befolgt	§ 37 Absatz 2 Nummer 1 Satz 7, 13, Nummer 2, Absatz 3 Satz 1, 2 § 49 Absatz 3 Nummer 2	90 €	1 Punkt
132.1	– mit Gefährdung	§ 37 Absatz 2 Nummer 1 Satz 7, 13, Nummer 2, Absatz 3 Satz 1, 2 § 1 Absatz 2 § 49 Absatz 1 Nummer 1, Absatz 3 Nummer 2	200 € **Fahrverbot 1 Monat**	2 Punkte

6

Lfd. Nr.	Tatbestand	Straßen-verkehrs-Ordnung (StVO)	Regelsatz in Euro (€), Fahrverbot in Monaten	Punkte nach dem BT-Kat-OWi
132.2	– mit Sach-beschädigung		240 € **Fahrverbot 1 Monat**	2 Punkte
132.3	bei schon länger als 1 Sekunde andauern-der Rotphase eines Wechsellichtzeichens	§ 37 Absatz 2 Nummer 1 Satz 7, 13, Nummer 2 § 49 Absatz 3 Nummer 2	200 € **Fahrverbot 1 Monat**	2 Punkte
132.3.1	– mit Gefährdung	§ 37 Absatz 2 Nummer 1 Satz 7, 13, Nummer 2 § 1 Absatz 2 § 49 Absatz 1 Nummer 1, Absatz 3 Nummer 2	320 € **Fahrverbot 1 Monat**	2 Punkte
132.3.2	– mit Sach-beschädigung		360 € **Fahrverbot 1 Monat**	2 Punkte
132a	Als Radfahrer oder Fahrer eines Elektro-kleinstfahrzeugs in anderen als den Fällen des Rechts-abbiegens mit Grün-pfeil rotes Wechsel-lichtzeichen oder ro-tes Dauerlichtzeichen nicht befolgt	§ 37 Absatz 2 Nummer 1 Satz 7, 13, Nummer 2, Ab-satz 3 Satz 1, 2 § 49 Absatz 3 Nummer 2	60 €	1 Punkt
132a.1	– mit Gefährdung	§ 37 Absatz 2 Nummer 1 Satz 7, 13 Nummer 2, Absatz 3 Satz 1, 2	100 €	1 Punkt
132a.2	– mit Sach-beschädigung		120 €	1 Punkt

Lfd. Nr.	Tatbestand	Straßen-verkehrs-Ordnung (StVO)	Regelsatz in Euro (€), Fahrverbot in Monaten	Punkte nach dem BT-Kat-OWi
132a.3	bei schon länger als 1 Sekunde andauern-der Rotphase eines Wechsellichtzeichens	§ 37 Absatz 2 Nummer 1 Satz 7, 13, Nummer 2 § 49 Absatz 3 Nummer 2	100 €	1 Punkt
132a.3.1	– mit Gefährdung	§ 37 Absatz 2 Nummer 1 Satz 7, 13, Nummer 2	160 €	1 Punkt
132a.3.2	– mit Sach-beschädigung		180 €	1 Punkt
133	Beim Rechtsabbiegen mit Grünpfeil			
133.1	vor dem Rechts-abbiegen nicht angehalten	§ 37 Absatz 2 Nummer 1 Satz 7 § 49 Absatz 3 Nummer 2	70 €	1 Punkt
133.2	den Fahrzeugverkehr der freigegebenen Verkehrsrichtungen, ausgenommen den Fahrradverkehr auf Radwegfurten, gefährdet	§ 37 Absatz 2 Nummer 1 Satz 12 § 49 Absatz 3 Nummer 2	100 €	1 Punkt
133.3	den Fußgänger-verkehr oder den Fahrradverkehr auf Radwegfurten der freigegebenen Ver-kehrsrichtungen	§ 37 Absatz 2 Nummer 1 Satz 12 § 49 Absatz 3 Nummer 2		
133.3.1	behindert		100 €	1 Punkt
133.3.2	gefährdet		150 €	1 Punkt
	Blaues und gelbes Blinklicht			
134	Blaues Blinklicht zusammen mit dem Einsatzhorn oder allein oder gelbes Blinklicht miss-bräuchlich verwendet	§ 38 Absatz 1 Satz 1, Absatz 2, Absatz 3 Satz 3 § 49 Absatz 3 Nummer 3	20 €	

6

Lfd. Nr.	Tatbestand	Straßen-verkehrs-Ordnung (StVO)	Regelsatz in Euro (€), Fahrverbot in Monaten	Punkte nach dem BT-Kat-OWi
135	Einem Einsatzfahrzeug, das blaues Blinklicht zusammen mit dem Einsatzhorn verwendet hatte, nicht sofort freie Bahn geschaffen	§ 38 Absatz 1 Satz 2 § 49 Absatz 3 Nummer 3	240 € **Fahrverbot 1 Monat**	2 Punkte
135.1	– mit Gefährdung	§ 38 Absatz 1 Satz 2 § 1 Absatz 2 § 49 Absatz 1 Nummer 1, Absatz 3 Nummer 3	280 € **Fahrverbot 1 Monat**	2 Punkte
135.2	– mit Sach-beschädigung		320 € **Fahrverbot 1 Monat**	2 Punkte
	Vorschriftzeichen			
136	Dem Schienenverkehr nicht Vorrang gewährt (Zeichen 201)	§ 41 Absatz 1 i. V. m. Anlage 2 lfd. Nr. 1 (Zeichen 201) Spalte 3 Nummer 1 § 49 Absatz 3 Nummer 4	80 €	1 Punkt
136.1	Zeichen 206 (Halt. Vorfahrt gewähren.) nicht befolgt	§ 41 Absatz 1 i. V. m. Anlage 2 lfd. Nr. 3 (Zeichen 206) Spalte 3 Nummer 1, 3 § 49 Absatz 3 Nummer 4	10 €	

6

Lfd. Nr.	Tatbestand	Straßen-verkehrs-Ordnung (StVO)	Regelsatz in Euro (€), Fahrverbot in Monaten	Punkte nach dem BT-Kat-OWi
137	Bei verengter Fahr-bahn (Zeichen 208) dem Gegenverkehr keinen Vorrang gewährt	§ 41 Absatz 1 i. V. m. Anlage 2 lfd. Nr. 4 (Zeichen 208) Spalte 3 § 49 Absatz 3 Nummer 4	5 €	
137.1	– mit Gefährdung	§ 41 Absatz 1 i. V. m. Anlage 2 lfd. Nr. 4 (Zeichen 208) Spalte 3 § 1 Absatz 2 § 49 Absatz 1 Nummer 1, Absatz 3 Nummer 4	10 €	
137.2	– mit Sach-beschädigung		20 €	
138	Die durch Vorschrift-zeichen (Zeichen 209, 211, 214, 222) vorge-schriebene Fahrtrich-tung oder Vorbeifahrt nicht befolgt	§ 41 Absatz 1 i. V. m. Anlage 2 lfd. Nr. 5, 6, 7, 10 (Zeichen 209, 211, 214, 222) Spalte 3 Satz 1 § 49 Absatz 3 Nummer 4	10 €	
138.1	– mit Gefährdung	§ 41 Absatz 1 i. V. m. Anlage 2 lfd. Nr. 5, 6, 7, 10 (Zeichen 209, 211, 214, 222) Spalte 3 Satz 1 § 1 Absatz 2 § 49 Absatz 1 Nummer 1, Absatz 3 Nummer 4	15 €	
138.2	– mit Sach-beschädigung		25 €	

6

Lfd. Nr.	Tatbestand	Straßen-verkehrs-Ordnung (StVO)	Regelsatz in Euro (€), Fahrverbot in Monaten	Punkte nach dem BT-Kat-OWi
139	Die durch Zeichen 215 (Kreisverkehr) oder Zeichen 220 (Einbahnstraße) vorgeschriebene Fahrtrichtung nicht befolgt	§ 41 Absatz 1 i. V. m. Anlage 2 lfd. Nr. 8 (Zeichen 215) Spalte 3 Nummer 1, lfd. Nr. 9 (Zeichen 220) Spalte 3 Satz 1 § 49 Absatz 3 Nummer 4		
139.1	als Kfz-Führer		25 €	
139.2	als Radfahrer		20 €	
139.2.1	– mit Behinderung	§ 41 Absatz 1 i. V. m. Anlage 2 lfd. Nr. 8 (Zeichen 215) Spalte 3 Nummer 1, lfd. Nr. 9 (Zeichen 220) Spalte 3 Satz 1 § 1 Absatz 2 § 49 Absatz 1 Nummer 1, Absatz 3 Nummer 4	25 €	
139.2.2	– mit Gefährdung		30 €	
139.2.3	– mit Sach-beschädigung		35 €	
139a	Beim berechtigten Überfahren der Mittelinsel eines Kreisverkehrs einen an deren Verkehrsteilnehmer gefährdet	§ 41 Absatz 1 i. V. m. Anlage 2 lfd. Nr. 8 (Zeichen 215) Spalte 3 Nummer 2 § 49 Absatz 3 Nummer 4	35 €	

6

Lfd. Nr.	Tatbestand	Straßen-verkehrs-Ordnung (StVO)	Regelsatz in Euro (€), Fahrverbot in Monaten	Punkte nach dem BT-Kat-OWi
140	Vorschriftswidrig einen Radweg (Zeichen 237), einen sonstigen Sonderweg (Zeichen 238, 240, 241) benutzt oder mit einem Fahrzeug eine Fahrradstraße (Zeichen 244.1) oder Fahrradzone (Zeichen 244.3) benutzt	§ 41 Absatz 1 i. V. m. Anlage 2 lfd. Nr. 16, 17, 19, 20 (Zeichen 237, 238, 240, 241) Spalte 3 Nummer 2, lfd. Nr. 23 (Zeichen 244.1) Spalte 3 Nummer 1, lfd. Nr. 24.1 (Zeichen 244.3) Spalte 3 Nummer 1 § 49 Absatz 3 Nummer 4	15 €	
140.1	– mit Behinderung	§ 41 Absatz 1 i. V. m. Anlage 2 lfd. Nr. 16, 17, 19, 20 (Zeichen 237, 238, 240, 241) Spalte 3 Nummer 2, lfd. Nr. 23 (Zeichen 244.1) Spalte 3 Nummer 1, lfd. Nr. 24.1 (Zeichen 244.3) Spalte 3 Nummer 1 § 1 Absatz 2 § 49 Absatz 1 Nummer 1, Absatz 3 Nummer 4	20 €	
140.2	– mit Gefährdung		25 €	
140.3	– mit Sach-beschädigung		30 €	

6

Lfd. Nr.	Tatbestand	Straßen-verkehrs-Ordnung (StVO)	Regelsatz in Euro (€), Fahrverbot in Monaten	Punkte nach dem BT-Kat-OWi
141	Vorschriftswidrig einen Gehweg (Zeichen 239), einen gemeinsamen Geh- und Radweg (Zeichen 240), einen Gehweg des getrennten Rad- und Gehwegs (Zeichen 241) oder den Bereich einer Fußgängerzone (Zeichen 242.1) befahren, dort gehalten oder ein Verkehrsverbot (Zeichen 250, 251, 253, 254, 255, 260) nicht beachtet	§ 41 Absatz 1 i. V. m. Anlage 2 lfd. Nr. 18 (Zeichen 239) Spalte 3 Nummer 1, lfd. Nr. 19 (Zeichen 240) Spalte 3 Nummer 2, lfd. Nr. 20 (Zeichen 241) Spalte 3 Nummer 2, lfd. Nr. 21 (Zeichen 242.1) Spalte 3 Nummer 1, lfd. Nr. 26 Spalte 3 Satz 1 i. V. m. lfd. Nr. 28, 29, 30, 31, 32, 34 (Zeichen 250, 251, 253, 254, 255, 260) Spalte 3 § 49 Absatz 3 Nummer 4		
141.1	mit Kraftfahrzeugen über 3,5 t zulässiger Gesamtmasse, ausgenommen Personenkraftwagen und Kraftomnibusse		100 €	
141.2	mit den übrigen Kraftfahrzeugen der in § 3 Absatz 3 Nummer 2 Buchstabe a oder b StVO genannten Art		55 €	
141.3	mit anderen als in den Nummern 141.1 und 141.2 genannten Kraftfahrzeugen		50 €	
141.4	als Radfahrer		25 €	

Lfd. Nr.	Tatbestand	Straßen-verkehrs-Ordnung (StVO)	Regelsatz in Euro (€), Fahrverbot in Monaten	Punkte nach dem BT-Kat-OWi
141.4.1	– mit Behinderung	§ 41 Absatz 1 i. V. m. Anlage 2 lfd. Nr. 18 (Zeichen 239) Spalte 3 Nummer 1, lfd. Nr. 19 (Zeichen 240) Spalte 3 Nummer 2, lfd. Nr. 20 (Zeichen 241) Spalte 3 Nummer 2, lfd. Nr. 21 (Zeichen 242.1) Spalte 3 Nummer 1, lfd. Nr. 26 Spalte 3 Satz 1 i. V. m. lfd. Nr. 28, 31 (Zeichen 250, 254) § 1 Absatz 2 § 49 Absatz 1 Nummer 1, Absatz 3 Nummer 4	30 €	
141.4.2	– mit Gefährdung		35 €	
141.4.3	– mit Sach-beschädigung		40 €	
142	Verkehrsverbot (Zeichen 262 bis 266) nicht beachtet	§ 41 Absatz 1 i. V. m. Anlage 2 lfd. Nr. 36 bis 40 (Zeichen 262 bis 266) Spalte 3 § 49 Absatz 3 Nummer 4	40 €	
142a	Verbot des Einfahrens (Zeichen 267) nicht beachtet	§ 41 Absatz 1 i. V. m. Anlage 2 lfd. Nr. 41 (Zeichen 267) Spalte 3 § 49 Absatz 3 Nummer 4	50 €	

6

Lfd. Nr.	Tatbestand	Straßen-verkehrs-Ordnung (StVO)	Regelsatz in Euro (€), Fahrverbot in Monaten	Punkte nach dem BT-Kat-OWi
143	Beim Radfahren Verbot des Einfahrens (Zeichen 267) nicht beachtet	§ 41 Absatz 1 i. V. m. Anlage 2 lfd. Nr. 41 (Zeichen 267) Spalte 3 § 49 Absatz 3 Nummer 4	20 €	
143.1	– mit Behinderung	§ 41 Absatz 1 i. V. m. Anlage 2 lfd. Nr. 41 (Zeichen 267) Spalte 3 § 1 Absatz 2 § 49 Absatz 1 Nummer 1, Absatz 3 Nummer 4	25 €	
143.2	– mit Gefährdung		30 €	
143.3	– mit Sach-beschädigung		35 €	
144	Vorschriftswidrig auf einem Gehweg (Zeichen 239), auf einem gemeinsamen Geh- und Radweg (Zeichen 240), auf einem Gehweg des getrennten Rad- und Geh-wegs (Zeichen 241), im Bereich einer Fußgängerzone (Zeichen 242.1) oder trotz eines Verkehrs-verbotes (Zeichen 250, 251, 253, 254, 255, 260) geparkt	§ 41 Absatz 1 i. V. m. Anlage 2 lfd. Nr. 18 (Zeichen 239) Spalte 3 Nummer 1, lfd. Nr. 19 (Zeichen 240) Spalte 3 Nummer 2, lfd. Nr. 20 (Zeichen 241) Spalte 3 Nummer 2, lfd. Nr. 21 (Zeichen 242.1) Spalte 3 Nummer 1, lfd. Nr. 26 Spalte 3 Satz 1 i. V. m. lfd. Nr. 28, 29, 30, 31, 32, 34 (Zeichen 250,	55 €	

6

Lfd. Nr.	Tatbestand	Straßen-verkehrs-Ordnung (StVO)	Regelsatz in Euro (€), Fahrverbot in Monaten	Punkte nach dem BT-Kat-OWi
		251, 253, 254, 255, 260) Spalte 3 § 49 Absatz 3 Nummer 4		
144.1	– mit Behinderung	§ 41 Absatz 1 i. V. m. Anlage 2 lfd. Nr. 18 (Zeichen 239) Spalte 3 Nummer 1, lfd. Nr. 19 (Zeichen 240) Spalte 3 Nummer 2, lfd. Nr. 20 (Zeichen 241) Spalte 3 Nummer 2, lfd. Nr. 21 (Zeichen 242.1) Spalte 3 Nummer 1, lfd. Nr. 26 Spalte 3 Satz 1 i. V. m. lfd. Nr. 28, 29, 30, 31, 32, 34 (Zeichen 250, 251, 253, 254, 255, 260) Spalte 3 § 1 Absatz 2 § 49 Absatz 1 Nummer 1, Absatz 3 Nummer 4	70 €	
144.2	länger als 3 Stunden	§ 41 Absatz 1 i. V. m. Anlage 2 lfd. Nr. 18 (Zeichen 239) Spalte 3 Nummer 1, lfd. Nr. 19 (Zeichen 240) Spalte 3	70 €	

6

Lfd. Nr.	Tatbestand	Straßen-verkehrs-Ordnung (StVO)	Regelsatz in Euro (€), Fahrverbot in Monaten	Punkte nach dem BT-Kat-OWi
		Nummer 2, lfd. Nr. 20 (Zeichen 241) Spalte 3 Nummer 2, lfd. Nr. 21 (Zeichen 242.1) Spalte 3 Nummer 1, lfd. Nr. 26 Spalte 3 Satz 1 i. V. m. lfd. Nr. 28, 29, 30, 31, 32, 34 (Zeichen 250, 251, 253, 254, 255, 260) Spalte 3 § 49 Absatz 3 Nummer 4		
(145 bis 145.3)	(weggefallen)			
146	Bei zugelassenem Fahrzeugverkehr auf einem Gehweg (Zeichen 239) oder in einem Fußgängerbereich (242.1, 242.2) nicht mit Schrittgeschwindigkeit gefahren (soweit nicht von Nummer 11 erfasst)	§ 41 Absatz 1 i. V. m. Anlage 2 lfd. Nr. 18 (Zeichen 239) Spalte 3 Nummer 2 Satz 3 Halbsatz 2, lfd. Nr. 21 (Zeichen 242.1) Spalte 3 Nummer 2 § 49 Absatz 3 Nummer 4	15 €	
146a	Bei zugelassenem Fahrzeugverkehr auf einem Radweg (Zeichen 237), einem gemeinsamen Geh- und Radweg (Zeichen 240), einem getrennten Rad- und Gehweg (Zeichen 241) die	§ 41 Absatz 1 i. V. m. Anlage 2 lfd. Nr. 16 (Zeichen 237) Spalte 3 Nummer 3, lfd. Nr. 19 (Zeichen 240) Spalte 3 Nummer 3	15 €	

Lfd. Nr.	Tatbestand	Straßen-verkehrs-Ordnung (StVO)	Regelsatz in Euro (€), Fahrverbot in Monaten	Punkte nach dem BT-Kat-OWi
	Geschwindigkeit nicht angepasst (soweit nicht von lfd. Nr. 11 erfasst)	Satz 2, lfd. Nr. 20 (Zeichen 241) Spalte 3 Nummer 4 Satz 2 § 49 Absatz 3 Nummer 4		
147	Unberechtigt mit einem Fahrzeug einen Bussonderfahrstreifen (Zeichen 245) benutzt	§ 41 Absatz 1 i. V. m. Anlage 2 lfd. Nr. 25 (Zeichen 245) Spalte 3 Nummer 1 und 2 § 49 Absatz 3 Nummer 4	15 €	
147.1	– mit Behinderung	§ 41 Absatz 1 i. V. m. Anlage 2 lfd. Nr. 25 (Zeichen 245) Spalte 3 Nummer 1 und 2 § 1 Absatz 2 § 49 Absatz 1 Nummer 1, Absatz 3 Nummer 4	35 €	
148	Wendeverbot (Zeichen 272) nicht beachtet	§ 41 Absatz 1 i. V. m. Anlage 2 lfd. Nr. 47 (Zeichen 272) Spalte 3 § 49 Absatz 3 Nummer 4	20 €	
149	Vorgeschriebenen Mindestabstand (Zeichen 273) zu einem vorausfahrenden Fahrzeug unterschritten	§ 41 Absatz 1 i. V. m. Anlage 2 lfd. Nr. 48 (Zeichen 273) Spalte 3 Satz 1 § 49 Absatz 3 Nummer 4	25 €	

6

Lfd. Nr.	Tatbestand	Straßen-verkehrs-Ordnung (StVO)	Regelsatz in Euro (€), Fahrverbot in Monaten	Punkte nach dem BT-Kat-OWi
150	Zeichen 206 (Halt. Vorfahrt gewähren.) nicht befolgt oder trotz Rotlicht nicht an der Haltlinie (Zeichen 294) gehalten und dadurch einen Anderen gefährdet	§ 41 Absatz 1 i. V. m. Anlage 2 lfd. Nr. 3 (Zeichen 206) Spalte 3 Nummer 1, lfd. Nr. 67 (Zeichen 294) Spalte 3 § 1 Absatz 2 § 49 Absatz 1 Nummer 1, Absatz 3 Nummer 4	70 €	1 Punkt
151	Beim Führen eines Fahrzeugs in einem Fußgängerbereich (Zeichen 239, 242.1, 242.2) einen Fußgänger gefährdet			
151.1	bei zugelassenem Fahrzeugverkehr (Zeichen 239, 242.1 mit Zusatzzeichen)	§ 41 Absatz 1 i. V. m. Anlage 2 lfd. Nr. 18, 21 (Zeichen 239, 242.1 mit Zusatzzeichen) Spalte 3 Nummer 2 § 49 Absatz 3 Nummer 4	60 €	1 Punkt
151.2	bei nicht zugelasse-nem Fahrzeugverkehr	§ 41 Absatz 1 i. V. m. Anlage 2 lfd. Nr. 18, 21 (Zeichen 239, 242.1) Spalte 3 Nummer 2 § 49 Absatz 3 Nummer 4	70 €	1 Punkt

Lfd. Nr.	Tatbestand	Straßen-verkehrs-Ordnung (StVO)	Regelsatz in Euro (€), Fahrverbot in Monaten	Punkte nach dem BT-Kat-OWi
152	Eine für kennzeichnungspflichtige Kraftfahrzeuge mit gefährlichen Gütern (Zeichen 261) oder für Kraftfahrzeuge mit wassergefährdender Ladung (Zeichen 269) gesperrte Straße befahren	§ 41 Absatz 1 i. V. m. Anlage 2 lfd. Nr. 35, 43 (Zeichen 261, 269) Spalte 3 § 49 Absatz 3 Nummer 4	100 €	1 Punkt
152.1	bei Eintragung von bereits einer Entscheidung wegen Verstoßes gegen Zeichen 261 oder 269 im Fahreignungsregister		250 € **Fahrverbot 1 Monat**	1 Punkt
153	Mit einem Kraftfahrzeug trotz Verkehrsverbotes zur Verminderung schädlicher Luftverunreinigungen (Zeichen 270.1, 270.2) am Verkehr teilgenommen	§ 41 Absatz 1 i. V. m. Anlage 2 lfd. Nr. 44, 45 (Zeichen 270.1, 270.2) Spalte 3 § 49 Absatz 3 Nummer 4	100 €	
153a	Überholverbot (Zeichen 276, 277, 277.1) nicht beachtet	§ 41 Absatz 1 i. V. m. Anlage 2 zu lfd. Nr. 53, 54 und 54.4 und lfd. Nr. 53, 54, 54.4 (Zeichen 276, 277, 277.1) Spalte 3 § 49 Absatz 3 Nummer 4	70 €	1 Punkt
154	An der Haltlinie (Zeichen 294) nicht gehalten	§ 41 Absatz 1 i. V. m. Anlage 2 lfd. Nr. 67 (Zeichen 294) Spalte 3 § 49 Absatz 3 Nummer 4	10 €	

6

Lfd. Nr.	Tatbestand	Straßen-verkehrs-Ordnung (StVO)	Regelsatz in Euro (€), Fahrverbot in Monaten	Punkte nach dem BT-Kat-OWi
155	Fahrstreifenbegrenzung (Zeichen 295, 296) überfahren oder durch Pfeile vorgeschriebener Fahrtrichtung (Zeichen 297) nicht gefolgt oder Sperrfläche (Zeichen 298) benutzt (außer Parken)	§ 41 Absatz 1 i. V. m. Anlage 2 lfd. Nr. 68 (Zeichen 295) Spalte 3 Nummer 1a, lfd. Nr. 69 (Zeichen 296) Spalte 3 Nummer 1, lfd. Nr. 70 (Zeichen 297) Spalte 3 Nummer 1, lfd. Nr. 72 (Zeichen 298) Spalte 3 § 49 Absatz 3 Nummer 4	10 €	
155.1	– mit Sach-beschädigung	§ 41 Absatz 1 i. V. m. Anlage 2 lfd. Nr. 68 (Zeichen 295) Spalte 3 Nummer 1a, lfd. Nr. 69 (Zeichen 296) Spalte 3 Nummer 1, lfd. Nr. 70 (Zeichen 297) Spalte 3 Nummer 1, lfd. Nr. 72 (Zeichen 298) Spalte 3 § 1 Absatz 2 § 49 Absatz 1 Nummer 1, Absatz 3 Nummer 4	35 €	

Lfd. Nr.	Tatbestand	Straßen-verkehrs-Ordnung (StVO)	Regelsatz in Euro (€), Fahrverbot in Monaten	Punkte nach dem BT-Kat-OWi
155.2	und dabei überholt	§ 41 Absatz 1 i. V. m. Anlage 2 lfd. Nr. 68 (Zeichen 295) Spalte 3 Nummer 1a, lfd. Nr. 69 (Zeichen 296) Spalte 3 Nummer 1, lfd. Nr. 70 (Zeichen 297) Spalte 3 Nummer 1, lfd. Nr. 72 (Zeichen 298) Spalte 3 § 49 Absatz 3 Nummer 4	30 €	
155.3	und dabei nach links abgebogen oder gewendet	§ 41 Absatz 1 i. V. m. Anlage 2 lfd. Nr. 68 (Zeichen 295) Spalte 3 Nummer 1a, lfd. Nr. 69 (Zeichen 296) Spalte 3 Nummer 1, lfd. Nr. 70 (Zeichen 297) Spalte 3 Nummer 1, lfd. Nr. 72 (Zeichen 298) Spalte 3 § 49 Absatz 3 Nummer 4	30 €	
155.3.1	– mit Gefährdung	§ 41 Absatz 1 i. V. m. Anlage 2 lfd. Nr. 68	35 €	

6

6

Lfd. Nr.	Tatbestand	Straßen-verkehrs-Ordnung (StVO)	Regelsatz in Euro (€), Fahrverbot in Monaten	Punkte nach dem BT-Kat-OWi
		(Zeichen 295) Spalte 3 Nummer 1a, lfd. Nr. 69 (Zeichen 296) Spalte 3 Nummer 1, lfd. Nr. 70 (Zeichen 297) Spalte 3 Nummer 1, lfd. Nr. 72 (Zeichen 298) Spalte 3 § 1 Absatz 2 § 49 Absatz 1 Nummer 1, Absatz 3 Nummer 4		
156	Sperrfläche (Zeichen 298) zum Parken benutzt	§ 41 Absatz 1 i. V. m. Anlage 2 lfd. Nr. 72 (Zeichen 298) Spalte 3 § 49 Absatz 3 Nummer 4	25 €	
	Richtzeichen			
157	Beim Führen eines Fahrzeugs in einem verkehrsberuhigten Bereich (Zeichen 325.1, 325.2)			
157.1	– Schrittgeschwindig-keit nicht eingehalten (soweit nicht von Nummer 11 erfasst)	§ 42 Absatz 2 i. V. m. Anlage 3 lfd. Nr. 12 (Zeichen 325.1) Spalte 3 Nummer 1 § 49 Absatz 3 Nummer 5	15 €	

Lfd. Nr.	Tatbestand	Straßen-verkehrs-Ordnung (StVO)	Regelsatz in Euro (€), Fahrverbot in Monaten	Punkte nach dem BT-Kat-OWi
157.2	– Fußgängerverkehr behindert	§ 42 Absatz 2 i. V. m. Anlage 3 lfd. Nr. 12 (Zeichen 325.1) Spalte 3 Nummer 2 § 49 Absatz 3 Nummer 5	15 €	
157.3	– Fußgänger gefährdet		60 €	1 Punkt
(158)	(weggefallen)			
159	In einem verkehrs-beruhigten Bereich (Zeichen 325.1, 325.2) außerhalb der zum Parken gekennzeich-neten Flächen ge-parkt (§ 12 Absatz 2 StVO)	§ 42 Absatz 2 i. V. m. Anlage 3 lfd. Nr. 12 (Zeichen 325.1) Spalte 3 Nummer 4 § 49 Absatz 3 Nummer 5	10 €	
159.1	– mit Behinderung	§ 42 Absatz 2 i. V. m. Anlage 3 lfd. Nr. 12 (Zeichen 325.1) Spalte 3 Nummer 4 § 1 Absatz 2 § 49 Absatz 3 Nummer 1, Absatz 3 Nummer 5	15 €	
159.2	länger als 3 Stunden	§ 42 Absatz 2 i. V. m. Anlage 3 lfd. Nr. 12 (Zeichen 325.1) Spalte 3 Nummer 4 § 49 Absatz 3 Nummer 5	20 €	

6

Lfd. Nr.	Tatbestand	Straßen-verkehrs-Ordnung (StVO)	Regelsatz in Euro (€), Fahrverbot in Monaten	Punkte nach dem BT-Kat-OWi
159.2.1	– mit Behinderung	§ 42 Absatz 2 i. V. m. Anlage 3 lfd. Nr. 12 (Zeichen 325.1) Spalte 3 Nummer 4 § 1 Absatz 2 § 49 Absatz 1 Nummer 1, Absatz 3 Nummer 5	30 €	
159a	In einem Tunnel (Zeichen 327) Ab-blendlicht nicht benutzt	§ 42 Absatz 2 i. V. m. Anlage 3 lfd. Nr. 14 (Zeichen 327) Spalte 3 Nummer 1 § 49 Absatz 3 Nummer 5	10 €	
159a.1	– mit Gefährdung	§ 42 Absatz 2 i. V. m. Anlage 3 lfd. Nr. 14 (Zeichen 327) Spalte 3 Nummer 1 § 1 Absatz 2 § 49 Absatz 1 Nummer 1, Absatz 3 Nummer 5	15 €	
159a.2	– mit Sach-beschädigung		35 €	
159b	In einem Tunnel (Zeichen 327) gewendet	§ 42 Absatz 2 i. V. m. Anlage 3 lfd. Nr. 14 (Zeichen 327) Spalte 3 Nummer 1 § 49 Absatz 3 Nummer 5	60 €	1 Punkt

6

Lfd. Nr.	Tatbestand	Straßen-verkehrs-Ordnung (StVO)	Regelsatz in Euro (€), Fahrverbot in Monaten	Punkte nach dem BT-Kat-OWi
159c	In einer Nothalte- und Pannenbucht (Zeichen 328) unberechtigt	§ 42 Absatz 2 i. V. m. Anlage 3 lfd. Nr. 15 (Zeichen 328) Spalte 3 § 49 Absatz 3 Nummer 5		
159c.1	– gehalten		20 €	
159c.2	– geparkt		25 €	
(160 bis 162)	(weggefallen)			
	Verkehrseinrichtungen			
163	Durch Verkehrsein-richtungen abge-sperrte Straßenfläche befahren	§ 43 Absatz 3 Satz 2 i. V. m. Anlage 4 lfd. Nr. 1 bis 7 (Zeichen 600, 605, 628, 629, 610, 615, 616) Spalte 3 § 49 Absatz 3 Nummer 6	5 €	
	Andere verkehrsrechtliche Anordnungen			
164	Einer den Verkehr verbietenden oder beschränkenden Anordnung, die öf-fentlich bekannt gemacht wurde, zuwidergehandelt	§ 45 Absatz 4 Halbsatz 2 § 49 Absatz 3 Nummer 7	60 €	1 Punkt
165	Mit Arbeiten begonnen, ohne zuvor Anordnun-gen eingeholt zu haben, diese Anord-nungen nicht befolgt oder Lichtzeichenan-lagen nicht bedient	§ 45 Absatz 6 § 49 Absatz 4 Nummer 3	75 €	

6

Lfd. Nr.	Tatbestand	Straßen-verkehrs-Ordnung (StVO)	Regelsatz in Euro (€), Fahrverbot in Monaten	Punkte nach dem BT-Kat-OWi
	Ausnahmegenehmigung und Erlaubnis			
166	Vollziehbare Auflage einer Ausnahme-genehmigung oder Erlaubnis nicht befolgt	§ 46 Absatz 3 Satz 1 § 49 Absatz 4 Nummer 4	60 €	1 Punkt
167	Genehmigungs- oder Erlaubnisbescheid nicht mitgeführt	§ 46 Absatz 3 Satz 3 § 49 Absatz 4 Nummer 5	10 €	

Lfd. Nr.	Tatbestand	Fahrerlaubnis-Verordnung (FeV)	Regelsatz in Euro (€), Fahrverbot in Monaten	Punkte nach dem BT-Kat-OWi
	b) Fahrerlaubnis-Verordnung			
	Mitführen von Führerscheinen und Bescheinigungen			
168	Führerschein oder Bescheinigung oder die Übersetzung des ausländischen Führer-scheins nicht mit-geführt	§ 75 Nummer 4 i. V. m. den dort genannten Vorschriften 4	10 €	
168a	Führerscheinverlust nicht unverzüglich angezeigt und sich kein Ersatzdokument ausstellen lassen	§ 75 Nummer 4	10 €	
	Einschränkung der Fahrerlaubnis			
169	Einer vollziehbaren Auflage nicht nachge-kommen	§ 10 Absatz 2 Satz 4 § 23 Absatz 2 Satz 1 § 28 Absatz 1 Satz 2 § 46 Absatz 2 § 74 Absatz 3 § 75 Nummer 9, 14, 15	25 €	

6

Lfd. Nr.	Tatbestand	Fahrerlaubnis-Verordnung (FeV)	Regelsatz in Euro (€), Fahrverbot in Monaten	Punkte nach dem BT-Kat-OWi
	Ablieferung und Vorlage des Führerscheins			
170	Einer Pflicht zur Ablieferung oder zur Vorlage eines Führerscheins nicht oder nicht rechtzeitig nachgekommen	§ 75 Nummer 10 i. V. m. den dort genannten Vorschriften	25 €	
	Fahrerlaubnis zur Fahrgastbeförderung			
171	Ohne erforderliche Fahrerlaubnis zur Fahrgastbeförderung einen oder mehrere Fahrgäste in einem in § 48 Absatz 1 FeV genannten Fahrzeug befördert	§ 48 Absatz 1 § 75 Nummer 12	75 €	1 Punkt
172	Als Halter die Fahrgastbeförderung in einem in § 48 Absatz 1 FeV genannten Fahrzeug angeordnet oder zugelassen, obwohl der Fahrzeugführer die erforderliche Fahrerlaubnis zur Fahrgastbeförderung nicht besaß	§ 48 Absatz 8 § 75 Nummer 12	75 €	1 Punkt
	Ortskenntnisse bei Fahrgastbeförderung			
173	Als Halter die Fahrgastbeförderung in einem in § 48 Absatz 1 i. V. m. § 48 Absatz 4 Nummer 7 FeV genannten Fahrzeug angeordnet oder zugelassen, obwohl der Fahrzeugführer die erforderlichen Ortskenntnisse nicht nachgewiesen hat	§ 48 Absatz 8 § 75 Nummer 12	35 €	

6

Lfd. Nr.	Tatbestand	Fahrzeug-Zulassungs-verordnung (FZV)	Regelsatz in Euro (€), Fahrverbot in Monaten	Punkte nach dem BT-Kat-OWi
	c) Fahrzeug-Zulassungsverordnung			
	Mitführen von Fahrzeugpapieren			
174	Die Zulassungs-bescheinigung Teil I oder sonstige Bescheinigung nicht mitgeführt	§ 4 Absatz 5 Satz 1 § 11 Absatz 6 § 26 Absatz 1 Satz 6 § 48 Nummer 5	10 €	
	Zulassung			
175	Kraftfahrzeug oder Kraftfahrzeugan-hänger ohne die erforderliche EG-Typgenehmigung, Einzelgenehmigung oder Zulassung auf einer öffentlichen Straße in Betrieb gesetzt	§ 3 Absatz 1 Satz 1 § 4 Absatz 1 § 48 Nummer 1	70 €	
175a	Kraftfahrzeug oder Kraftfahrzeugan-hänger außerhalb des auf dem Saison-kennzeichen ange-gebenen Betriebs-zeitraums oder nach dem auf dem Kurz-zeitkennzeichen oder nach dem auf dem Ausfuhrkenn-zeichen angegebe-nen Ablaufdatum oder Fahrzeug mit Wechselkenn-zeichen ohne oder mit einem unvoll-	§ 8 Absatz 1a Satz 6 § 9 Absatz 3 Satz 5 § 16a Absatz 4 Satz 3 § 19 Absatz 1 Nummer 4 Satz 3 § 48 Nummer 1	50 €	

6

Lfd. Nr.	Tatbestand	Fahrzeug-Zulassungs-verordnung (FZV)	Regelsatz in Euro (€), Fahrverbot in Monaten	Punkte nach dem BT-Kat-OWi
	ständigen Wechsel-kennzeichen auf einer öffentlichen Straße in Betrieb gesetzt			
176	Das vorgeschrie-bene Kennzeichen an einem von der Zulassungspflicht ausgenommenen Fahrzeug nicht geführt	§ 4 Absatz 2 Satz 1, Absatz 3 Satz 1, 2 § 48 Nummer 3	40 €	
177	Fahrzeug außer-halb des auf dem Saisonkennzeichen angegebenen Betriebszeitraums oder mit Wechsel-kennzeichen ohne oder mit einem unvollständigem Kennzeichen auf einer öffent-lichen Straße abgestellt	§ 8 Absatz 1a Satz 6 § 9 Absatz 3 Satz 5 § 48 Nummer 9	40 €	
	Betriebsverbot und -beschränkungen			
178	(weggefallen)			
178a	Betriebsverbot wegen Verstoßes gegen Mitteilungs-pflichten oder gegen die Pflichten beim Erwerb des Fahrzeugs nicht beachtet	§ 13 Absatz 1 Satz 5, auch i. V. m. Absatz 4 Satz 7, Absatz 3 Satz 2 § 48 Nummer 7	40 €	

6

Lfd. Nr.	Tatbestand	Fahrzeug-Zulassungs-verordnung (FZV)	Regelsatz in Euro (€), Fahrverbot in Monaten	Punkte nach dem BT-Kat-OWi
179	Ein Fahrzeug in Betrieb gesetzt, dessen Kennzeichen nicht wie vor-geschrieben aus-gestaltet oder angebracht ist; ausgenommen ist das Fehlen des vorgeschriebenen Kennzeichens	§ 10 Absatz 12 i. V. m. § 10 Absatz 1, 2 Satz 2 und 3 Halbsatz 1, Absatz 6, 7, 8 Halbsatz 1, Absatz 9 Satz 1 auch i. V. m. § 16 Absatz 5 Satz 3 § 16a Absatz 3 Satz 4 § 17 Absatz 2 Satz 4 § 19 Absatz 1 Nummer 3 Satz 5 § 48 Nummer 1	10 €	
179a	Fahrzeug in Betrieb genommen, obwohl das vorgeschrie-bene Kennzeichen fehlt	§ 10 Absatz 12 i. V. m. § 10 Absatz 5 Satz 1, Absatz 8 § 48 Nummer 1	60 €	
179b	Fahrzeug in Betrieb genommen, des-sen Kennzeichen mit Glas, Folien oder ähnlichen Abdeckungen versehen ist	§ 10 Absatz 12 i. V. m. § 10 Absatz 2 Satz 1, Absatz 8 § 48 Nummer 1	65 €	
179c	Fahrzeug mit CC- oder CD-Zeichen auf öffentlichen Straßen in Betrieb genommen, ohne	§ 10 Absatz 11 Satz 3 § 48 Nummer 9b	10 €	

Lfd. Nr.	Tatbestand	Fahrzeug-Zulassungs-verordnung (FZV)	Regelsatz in Euro (€), Fahrverbot in Monaten	Punkte nach dem BT-Kat-OWi
	dass hierzu eine Berechtigung besteht und diese in der Zulassungs-bescheinigung Teil I eingetragen ist			
	Mitteilungs-, Anzeige- und Vorlagepflichten, Zurückziehen aus dem Verkehr, Verwertungsnachweis			
180	Gegen die Mittei-lungspflicht bei Änderungen der tatsächlichen Verhältnisse, Wohn-sitz- oder Sitzände-rung des Halters, Standortverlegung des Fahrzeugs, Veräußerung oder Erwerb verstoßen	§ 13 Absatz 1 Satz 1 bis 4, Absatz 3 Satz 1 Absatz 4 Satz 1 erster Halbsatz, Satz 3 oder 4 § 48 Nummer 12	15 €	
180a	Als Halter ein Fahr-zeug nicht oder nicht ordnungsgemäß außer Betrieb setzen lassen	§ 15 Absatz 1 Satz 1, Absatz 2 Satz 1 § 48 Nummer 8 Buchstabe b	15 €	
	Internetbasierte Zulassung			
180b	Als Halter einen Plakettenträger nicht, nicht recht-zeitig oder nicht ordnungsgemäß (ausgenommen auf einem anderen als dem zugehörigen zugeteilten Kenn-zeichen) angebracht	§ 15i Absatz 5 Satz 1 § 48 Nummer 14	40 €	

6

Lfd. Nr.	Tatbestand	Fahrzeug-Zulassungs-verordnung (FZV)	Regelsatz in Euro (€), Fahrverbot in Monaten	Punkte nach dem BT-Kat-OWi
180c	Plakettenträger auf einem Kennzeichenschild mit einem anderen als dem zugehörigen zugeteilten Kennzeichen angebracht	§ 15i Absatz 5 Satz 2 § 48 Nummer 14a	65 €	
180d	Fahrzeug ohne die dafür übersandten Plakettenträger oder mit einem anderen als den angebrachten Plakettenträgern zugehörigen zugeteilten Kennzeichen in Betrieb gesetzt	§ 15i Absatz 5 Satz 3 § 48 Nummer 1 Buchstabe c	70 €	
180e	Als Halter die Inbetriebnahme eines Fahrzeuges ohne die dafür übersandten Plakettenträger oder mit einem anderen als den angebrachten Plakettenträgern zugehörigen zugeteilten Kennzeichen zugelassen oder angeordnet	§ 15i Absatz 5 Satz 4 § 48 Nummer 2	70 €	

Lfd. Nr.	Tatbestand	Fahrzeug-Zulassungs-verordnung (FZV)	Regelsatz in Euro (€), Fahrverbot in Monaten	Punkte nach dem BT-Kat-OWi
	Rote Kennzeichen, Kurzzeitkennzeichen			
181	Gegen die Pflicht zur Eintragung in Fahrzeugschein-hefte verstoßen oder das rote Kenn-zeichen oder das Fahrzeugschein-heft nicht zurück-gegeben	§ 16 Absatz 2 Satz 3, 7 § 48 Nummer 15, 18	10 €	
182	Kurzzeitkennzei-chen für unzuläs-sige Fahrten oder an einem anderen Fahrzeug verwendet	§ 16a Absatz 3 Satz 1 § 48 Nummer 18a	50 €	
183	Gegen die Pflicht zum Fertigen, Aufbewahren oder Aushändigen von Aufzeichnungen über Prüfungs-, Probe- oder Über-führungsfahrten verstoßen	§ 16 Absatz 2 Satz 5, 6 § 48 Nummer 6, 17	25 €	
183a	Fahrzeugscheinheft für Fahrzeuge mit rotem Kennzeichen oder Fahrzeug-scheinheft für Old-timerfahrzeuge mit roten Kennzeichen nicht mitgeführt	§ 16 Absatz 2 Satz 4 § 17 Absatz 2 Satz 1 § 48 Nummer 5	10 €	
183b	Fahrzeugschein für Fahrzeuge mit Kurz-zeitkennzeichen nicht mitgeführt	§ 16a Absatz 5 Satz 3 § 48 Nummer 5	20 €	

6

Lfd. Nr.	Tatbestand	Fahrzeug-Zulassungs-verordnung (FZV)	Regelsatz in Euro (€), Fahrverbot in Monaten	Punkte nach dem BT-Kat-OWi
	Versicherungskennzeichen und -plaketten			
184	Fahrzeug in Betrieb genommen, dessen Versicherungs-kennzeichen oder -plakette nicht wie vorgeschrieben ausgestaltet ist, ausgenommen ist das Fehlen des vorgeschriebenen Versicherungskenn-zeichens oder der vorgeschriebenen Versicherungs-plakette	§ 27 Absatz 7 § 29a Absatz 4 § 48 Nummer 1 Buchstabe c	10 €	
	Ausländische Kraftfahrzeuge			
185	Zulassungsbeschei-nigung oder die Übersetzung des ausländischen Zulassungsscheins nicht mitgeführt oder nicht ausge-händigt	§ 20 Absatz 5 § 48 Nummer 5	10 €	
185a	An einem ausländi-schen Kraftfahrzeug oder ausländischen Kraftfahrzeugan-hänger das heimi-sche Kennzeichen oder das Unter-scheidungszeichen unter Verstoß gegen eine Vorschrift über deren Anbringung geführt	§ 21 Absatz 1 Satz 1 Halb-satz 2, Absatz 2 Satz 1 Halbsatz 2 § 48 Nummer 19	10 €	

6

Lfd. Nr.	Tatbestand	Fahrzeug-Zulassungs-verordnung (FZV)	Regelsatz in Euro (€), Fahrverbot in Monaten	Punkte nach dem BT-Kat-OWi
185b	An einem aus-ländischen Kraft-fahrzeug oder ausländischen Kraftfahrzeugan-hänger das vorge-schriebene heimi-sche Kennzeichen nicht geführt	§ 21 Absatz 1 Satz 1 Halb-satz 1 § 48 Nummer 19	40 €	
185c	An einem aus-ländischen Kraft-fahrzeug oder aus-ländischen Kraft-fahrzeuganhänger das Unterschei-dungszeichen nicht geführt	§ 21 Absatz 2 Satz 1 Halb-satz 1 § 48 Nummer 19	15 €	

6

Lfd. Nr.	Tatbestand	Straßen-verkehrs-Zulassungs-Ordnung (StVZO)	Regelsatz in Euro (€), Fahrverbot in Monaten	Punkte nach dem BT-Kat-OWi
	d) Straßenverkehrs-Zulassungs-Ordnung			
	Untersuchung der Kraftfahrzeuge und Anhänger			
186	Als Halter Fahrzeug zur Hauptunter-suchung oder zur Sicherheitsprüfung nicht vorgeführt	§ 29 Absatz 1 Satz 1 i. V. m. Nummer 2.1, 2.2, 2.6, 2.7 Satz 2, 3, Nummer 3.1.1, 3.1.2, 3.2.2 der Anlage VIII § 69a Absatz 2 Nummer 14		

Lfd. Nr.	Tatbestand	Straßen-verkehrs-Zulassungs-Ordnung (StVZO)	Regelsatz in Euro (€), Fahrverbot in Monaten	Punkte nach dem BT-Kat-OWi
186.1	bei Fahrzeugen, die nach Nummer 2.1 der Anlage VIII zu § 29 StVZO in bestimmten Zeit-abständen einer Sicherheitsprüfung zu unterziehen sind, wenn der Vorführ-termin überschrit-ten worden ist um			
186.1.1	bis zu 2 Monate		15 €	
186.1.2	mehr als 2 bis zu 4 Monate		25 €	
186.1.3	mehr als 4 bis zu 8 Monate		60 €	1 Punkt
186.1.4	mehr als 8 Monate		75 €	1 Punkt
186.2	bei anderen als in Nummer 186.1 genannten Fahr-zeugen, wenn der Vorführtermin überschritten worden ist um			
186.2.1	mehr als 2 bis zu 4 Monate		15 €	
186.2.2	mehr als 4 bis zu 8 Monate		25 €	
186.2.3	mehr als 8 Monate		60 €	1 Punkt
187	Fahrzeug zur Nach-prüfung der Män-gelbeseitigung nicht rechtzeitig vorgeführt	§ 29 Absatz 1 Satz 1 i. V. m. Nummer 3.1.4.3 Satz 2 Halbsatz 2 der Anlage VIII § 69a Absatz 2 Nummer 18	15 €	

Lfd. Nr.	Tatbestand	Straßen-verkehrs-Zulassungs-Ordnung (StVZO)	Regelsatz in Euro (€), Fahrverbot in Monaten	Punkte nach dem BT-Kat-OWi
187a	Betriebsverbot oder -beschränkung wegen Fehlens einer gültigen Prüfplakette oder Prüfmarke in Verbindung mit einem SP-Schild nicht beachtet	§ 29 Absatz 7 Satz 5 § 69a Absatz 2 Nummer 15	60 €	1 Punkt
	Vorstehende Außenkanten			
188	Fahrzeug oder Fahrzeugkombination in Betrieb genommen, obwohl Teile, die den Verkehr mehr als unvermeidbar gefährdeten, an dessen Umriss hervorragten	§ 30c Absatz 1 § 69a Absatz 3 Nummer 1a	20 €	
	Verantwortung für den Betrieb der Fahrzeuge			
189	Als Halter die Inbetriebnahme eines Fahrzeugs oder Zuges angeordnet oder zugelassen, obwohl	§ 31 Absatz 2 § 69a Absatz 5 Nummer 3		
189.1	der Führer zur selbstständigen Leitung nicht geeignet war			
189.1.1	bei Lastkraftwagen oder Kraftomnibussen		180 €	1 Punkt
189.1.2	bei anderen als in Nummer 189.1.1 genannten Fahrzeugen		90 €	1 Punkt

6

Lfd. Nr.	Tatbestand	Straßen-verkehrs-Zulassungs-Ordnung (StVZO)	Regelsatz in Euro (€), Fahrverbot in Monaten	Punkte nach dem BT-Kat-OWi
189.2	das Fahrzeug oder der Zug nicht vor-schriftsmäßig war und dadurch die Verkehrssicherheit wesentlich beein-trächtigt war,	§ 31 Absatz 2 § 69a Absatz 5 Nummer 3		
	insbesondere unter Verstoß gegen eine Vorschrift über Lenk-einrichtungen, Brem-sen, Einrichtungen zur Verbindung von Fahrzeugen	§ 31 Absatz 2, jeweils i.V.m. § 38 § 41 Absatz 1 bis 12, 15 bis 17 § 43 Absatz 1 Satz 1 bis 3, Absatz 4 Satz 1, 3 § 69a Absatz 5 Nummer 3		
189.2.1	bei Lastkraft-wagen oder Kraft-omnibussen bzw. ihren Anhängern		270 €	1 Punkt
189.2.2	bei anderen als in Nummer 189.2.1 genannten Fahr-zeugen		135 €	1 Punkt
189.3	die Verkehrssicher-heit des Fahrzeugs oder des Zuges durch die Ladung oder die Besetzung wesentlich litt	§ 31 Absatz 2 § 69a Absatz 5 Nummer 3		
189.3.1	bei Lastkraftwagen oder Kraftomnibus-sen bzw. ihren Anhängern		270 €	1 Punkt

Lfd. Nr.	Tatbestand	Straßen-verkehrs-Zulassungs-Ordnung (StVZO)	Regelsatz in Euro (€), Fahrverbot in Monaten	Punkte nach dem BT-Kat-OWi
189.3.2	bei anderen als in Nummer 189.3.1 genannten Fahrzeugen		135 €	1 Punkt
189a	Als Halter die In-betriebnahme eines Fahrzeugs angeord-net oder zugelas-sen, obwohl die Betriebserlaubnis erloschen war, und dadurch die Ver-kehrssicherheit wesentlich beein-trächtigt	§ 19 Absatz 5 Satz 1 § 69a Absatz 2 Nummer 1b		
189a.1	bei Lastkraft-wagen oder Kraft-omnibussen		270 €	1 Punkt
189a.2	bei anderen als in Nummer 189a.1 genannten Fahr-zeugen		135 €	1 Punkt
189b	Als Halter die Inbetriebnahme eines Fahrzeugs angeordnet oder zugelassen, obwohl die Betriebserlaub-nis erloschen war, und dadurch die Umwelt wesentlich beeinträchtigt	§ 19 Absatz 5 Satz 1 § 69a Absatz 2 Nummer 1a		
189b.1	bei Lastkraft-wagen oder Kraft-omnibussen		270 €	
189b.2	bei anderen als in Nummer 189b.1 genannten Fahr-zeugen		135 €	

6

Lfd. Nr.	Tatbestand	Straßen-verkehrs-Zulassungs-Ordnung (StVZO)	Regelsatz in Euro (€), Fahrverbot in Monaten	Punkte nach dem BT-Kat-OWi
	Führung eines Fahrtenbuches			
190	Fahrtenbuch nicht ordnungsgemäß geführt, auf Verlangen nicht ausgehändigt oder nicht für die vorgeschriebene Dauer aufbewahrt	§ 31a Absatz 2, 3 § 69a Absatz 5 Nummer 4, 4a	100 €	
	Überprüfung mitzuführender Gegenstände			
191	Mitzuführende Gegenstände auf Verlangen nicht vorgezeigt oder zur Prüfung nicht ausgehändigt	§ 31b § 69a Absatz 5 Nummer 4b	5 €	
	Abmessungen von Fahrzeugen und Fahrzeugkombinationen			
192	Kraftfahrzeug, Anhänger oder Fahrzeugkombination in Betrieb genommen, obwohl die höchstzulässige Breite, Höhe oder Länge überschritten war	§ 32 Absatz 1 bis 4, 9 § 69a Absatz 3 Nummer 2	60 €	1 Punkt
193	Als Halter die Inbetriebnahme eines Kraftfahrzeugs, Anhängers oder einer Fahrzeugkombination angeordnet oder zugelassen, obwohl die höchstzulässige Breite, Höhe oder Länge überschritten war	§ 31 Absatz 2 i. V. m. § 32 Absatz 1 bis 4, 9 § 69a Absatz 5 Nummer 3	75 €	1 Punkt

6

Lfd. Nr.	Tatbestand	StraßenverkehrsZulassungsOrdnung (StVZO)	Regelsatz in Euro (€), Fahrverbot in Monaten	Punkte nach dem BT-Kat-OWi
	Unterfahrschutz			
194	Kraftfahrzeug, Anhänger oder Fahrzeug mit austauschbarem Ladungsträger ohne vorgeschriebenen Unterfahrschutz in Betrieb genommen	§ 32b Absatz 1, 2, 4 § 69a Absatz 3 Nummer 3a	25 €	
	Kurvenlaufeigenschaften			
195	Kraftfahrzeug oder Fahrzeugkombination in Betrieb genommen, obwohl die vorgeschriebenen Kurvenlaufeigenschaften nicht eingehalten waren	§ 32d Absatz 1, 2 Satz 1 § 69a Absatz 3 Nummer 3c	60 €	1 Punkt
196	Als Halter die Inbetriebnahme eines Kraftfahrzeugs oder einer Fahrzeugkombination angeordnet oder zugelassen, obwohl die vorgeschriebenen Kurvenlaufeigenschaften nicht eingehalten waren	§ 31 Absatz 2 i. V. m. § 32d Absatz 1, 2 Satz 1 § 69a Absatz 5 Nummer 3	75 €	1 Punkt

6

Lfd. Nr.	Tatbestand	Straßen-verkehrs-Zulassungs-Ordnung (StVZO)	Regelsatz in Euro (€), Fahrverbot in Monaten	Punkte nach dem BT-Kat-OWi
	Schleppen von Fahrzeugen			
197	Fahrzeug unter Verstoß gegen eine Vorschrift über das Schleppen von Fahrzeugen in Betrieb genommen	§ 33 Absatz 1 Satz 1, Absatz 2 Nummer 1, 6 § 69a Absatz 3 Nummer 3	25 €	
	Achslast, Gesamtgewicht, Anhängelast hinter Kraftfahrzeugen			
198	Kraftfahrzeug, Anhänger oder Fahrzeugkombina-tion in Betrieb genommen, obwohl die zulässige Achs-last, das zulässige Gesamtgewicht oder die zulässige Anhängelast hinter einem Kraftfahrzeug überschritten war	§ 34 Absatz 3 Satz 3 § 31d Absatz 1 § 42 Absatz 1, 2 Satz 2 § 69a Absatz 3 Nummer 4		
198.1	bei Kraftfahrzeugen mit einem zulässi-gen Gesamtgewicht über 7,5 t oder Kraftfahrzeugen mit Anhängern, deren zulässiges Gesamt-gewicht 2 t über-steigt		Tabelle 3 Buchstabe a	30 € – 380 € 1 Punkt
198.2	bei anderen Kraft-fahrzeugen bis 7,5 t zulässiges Gesamt-gewicht		Tabelle 3 Buchstabe b	10 € – 235 € 1 Punkt
199	Als Halter die Inbetriebnahme eines Kraftfahr-zeugs, eines An-hängers oder einer Fahrzeugkombina-	§ 31 Absatz 2 i. V. m. § 34 Absatz 3 Satz 3 § 42 Absatz 1, 2 Satz 2 § 31d Absatz 1		

Lfd. Nr.	Tatbestand	Straßen-verkehrs-Zulassungs-Ordnung (StVZO)	Regelsatz in Euro (€), Fahrverbot in Monaten	Punkte nach dem BT-Kat-OWi
	tion angeordnet oder zugelassen, obwohl die zuläs-sige Achslast, das zulässige Gesamt-gewicht oder die zulässige Anhänge-last hinter einem Kraftfahrzeug überschritten war	§ 69a Absatz 5 Nummer 3		
199.1	bei Kraftfahrzeugen mit einem zulässi-gen Gesamtgewicht über 7,5 t oder Kraft-fahrzeugen mit Anhängern, deren zulässiges Gesamt-gewicht 2 t über-steigt		Tabelle 3 Buchstabe a	35 €–425 € 1 Punkt
199.2	bei anderen Kraft-fahrzeugen bis 7,5 t zulässiges Gesamt-gewicht		Tabelle 3 Buchstabe b	10 €–235 € 1 Punkt
(200)	(weggefallen)			
	Besetzung von Kraftomnibussen			
201	Kraftomnibus in Betrieb genommen und dabei mehr Per-sonen oder Gepäck befördert, als in der Zulassungsbeschei-nigung Teil I Sitz- und Stehplätze eingetragen sind, und die Summe der im Fahrzeug ange-schriebenen Fahr-gastplätze sowie die Angaben für die Höchstmasse des Gepäcks ausweisen	§ 34a Absatz 1 § 69a Absatz 3 Nummer 5	60 €	1 Punkt

6

Lfd. Nr.	Tatbestand	Straßen-verkehrs-Zulassungs-Ordnung (StVZO)	Regelsatz in Euro (€), Fahrverbot in Monaten	Punkte nach dem BT-Kat-OWi
202	Als Halter die Inbetriebnahme eines Kraftomnibusses angeordnet oder zugelassen, obwohl mehr Personen befördert wurden, als in der Zulassungsbescheinigung Teil I Plätze ausgewiesen waren	§ 31 Absatz 2 i. V. m. § 34a Absatz 1 § 69a Absatz 5 Nummer 3	75 €	1 Punkt
	Kindersitze			
203	Kraftfahrzeug in Betrieb genommen unter Verstoß gegen			
203.1	das Verbot der Anbringung von nach hinten gerichteten Kinderrückhalteeinrichtungen auf Beifahrerplätzen mit Airbag	§ 35a Absatz 8 Satz 1 § 69a Absatz 3 Nummer 7	25 €	
203.2	die Pflicht zur Anbringung des Warnhinweises zur Verwendung von Kinderrückhalteeinrichtungen auf Beifahrerplätzen mit Airbag	§ 35a Absatz 8 Satz 2, 4 § 69a Absatz 3 Nummer 7	5 €	
203.3	die Pflicht zur rückwärts oder seitlich gerichteten Anbringung von Rückhalteeinrichtungen für Kinder bis zu einem Alter von 15 Monaten	§ 35a Absatz 13 § 69a Absatz 3 Nummer 7	25 €	

6

Lfd. Nr.	Tatbestand	Straßen-verkehrs-Zulassungs-Ordnung (StVZO)	Regelsatz in Euro (€), Fahrverbot in Monaten	Punkte nach dem BT-Kat-OWi
	Rollstuhlplätze und Rückhaltesysteme			
203a	Als Halter die Inbetriebnahme eines Personen-kraftwagens, in dem ein Rollstuhlnutzer befördert wurde, angeordnet oder zugelassen, obwohl er nicht mit dem vorgeschriebenen Rollstuhlstellplatz ausgerüstet war	§ 35a Absatz 4a Satz 1 § 31 Absatz 2 § 69a Absatz 5 Nummer 3	35 €	
203b	Personenkraft-wagen, in dem ein Rollstuhlnutzer befördert wurde, in Betrieb genommen, obwohl er nicht mit dem vorgeschrie-nen Rollstuhlstell-platz ausgerüstet war	§ 35a Absatz 4a Satz 1 § 69a Absatz 3 Nummer 7	35 €	
203c	Als Halter die Inbetriebnahme eines Personen-kraftwagens, in dem ein Rollstuhlnutzer befördert wurde, angeordnet oder zugelassen, obwohl der Rollstuhlstell-platz nicht mit dem vorgeschriebenen Rollstuhl-Rück-haltesystem oder Rollstuhlnutzer-Rückhaltesystem ausgerüstet war	§ 35a Absatz 4a Satz 2, 3 § 31 Absatz 2 § 69a Absatz 5 Nummer 3	30 €	

6

Lfd. Nr.	Tatbestand	StraßenverkehrsZulassungsOrdnung (StVZO)	Regelsatz in Euro (€), Fahrverbot in Monaten	Punkte nach dem BT-Kat-OWi
203d	Einen Personenkraftwagen, in dem ein Rollstuhlnutzer befördert wurde, in Betrieb genommen, obwohl der Rollstuhlstellplatz nicht mit dem vorgeschriebenen Rollstuhl-Rückhaltesystem oder Rollstuhlnutzer-Rückhaltesystem ausgerüstet war	§ 35a Absatz 4a Satz 2, 3 § 69a Absatz 3 Nummer 7	30 €	
203e	Als Fahrer nicht sichergestellt, dass das Rollstuhl-Rückhaltesystem oder Rollstuhlnutzer Rückhaltesystem in der vom Hersteller des jeweiligen Systems vorgesehenen Weise während der Fahrt betrieben wurde	§ 35a Absatz 4a Satz 4 § 69a Absatz 3 Nummer 7	30 €	
203f	Als Halter nicht sichergestellt, dass das Rollstuhl-Rückhaltesystem oder Rollstuhlnutzer-Rückhaltesystem in der vom Hersteller des jeweiligen Systems vorgesehenen Weise während der Fahrt betrieben wurde	§ 35a Absatz 4a Satz 4 § 31 Absatz 2 § 69a Absatz 5 Nummer 3	30 €	

6

Lfd. Nr.	Tatbestand	Straßen-verkehrs-Zulassungs-Ordnung (StVZO)	Regelsatz in Euro (€), Fahrverbot in Monaten	Punkte nach dem BT-Kat-OWi
	Feuerlöscher in Kraftomnibussen			
204	Kraftomnibus unter Verstoß gegen eine Vorschrift über mitzuführende Feuerlöscher in Betrieb genommen	§ 35g Absatz 1, 2 § 69a Absatz 3 Nummer 7c	15 €	
205	Als Halter die Inbetriebnahme eines Kraftomnibus-ses unter Verstoß gegen eine Vor-schrift über mit-zuführende Feuer-löscher angeordnet oder zugelassen	§ 31 Absatz 2 i. V. m. § 35g Absatz 1, 2 § 69a Absatz 5 Nummer 3	20 €	
	Erste-Hilfe-Material in Kraftfahrzeugen			
206	Unter Verstoß gegen eine Vor-schrift über mit-zuführendes Erste-Hilfe-Material			
206.1	einen Kraftomnibus	§ 35h Absatz 1, 2 § 69a Absatz 3 Nummer 7c	15 €	
206.2	ein anderes Kraft-fahrzeug in Betrieb genommen	§ 35h Absatz 3 § 69a Absatz 3 Nummer 7c	5 €	
207	Als Halter die Inbetriebnahme unter Verstoß gegen eine Vor-schrift über mit-zuführendes Erste-Hilfe-Material			

6

Lfd. Nr.	Tatbestand	Straßen-verkehrs-Zulassungs-Ordnung (StVZO)	Regelsatz in Euro (€), Fahrverbot in Monaten	Punkte nach dem BT-Kat-OWi
207.1	eines Kraftomni-busses	§ 31 Absatz 2 i. V. m. § 35h Absatz 1, 2 § 69a Absatz 5 Nummer 3	25 €	
207.2	eines anderen Kraftfahrzeugs	§ 31 Absatz 2 i. V. m. § 35h Absatz 3 § 69a Absatz 5 Nummer 3	10 €	
	angeordnet oder zugelassen			
	Bereifung und Laufflächen			
208	Kraftfahrzeug oder Anhänger, die unzulässig mit Diagonal- und mit Radialreifen ausge-rüstet waren, in Betrieb genommen	§ 36 Absatz 6 Satz 1, 2 § 69a Absatz 3 Nummer 8	15 €	
209	Als Halter die Inbetriebnahme eines Kraftfahr-zeugs oder Anhän-gers, die unzulässig mit Diagonal- und mit Radialreifen ausgerüstet waren, angeordnet oder zugelassen	§ 31 Absatz 2 i. V. m. § 36 Ab-satz 6 Satz 1, 2 § 69a Absatz 5 Nummer 3	30 €	
210	Mofa in Betrieb genommen, dessen Reifen keine aus-reichenden Profilril-len oder Einschnitte oder keine aus-reichende Profil- oder Einschnitttiefe besaß	§ 36 Absatz 3 Satz 5 § 31d Absatz 4 Satz 1 § 69a Absatz 3 Nummer 1c, 8	25 €	

6

Lfd. Nr.	Tatbestand	Straßen-verkehrs-Zulassungs-Ordnung (StVZO)	Regelsatz in Euro (€), Fahrverbot in Monaten	Punkte nach dem BT-Kat-OWi
211	Als Halter die Inbetriebnahme eines Mofas ange-ordnet oder zuge-lassen, dessen Reifen keine aus-reichenden Profil-rillen oder Ein-schnitte oder keine ausreichende Profil- oder Ein-schnitttiefe besaß	§ 31 Absatz 2 i. V. m. § 36 Absatz 3 Satz 5 § 31d Absatz 4 Satz 1 § 69a Absatz 5 Nummer 3	35 €	
212	Kraftfahrzeug (außer Mofa) oder Anhänger in Betrieb genommen, dessen Reifen keine aus-reichenden Profil-rillen oder Ein-schnitte oder keine ausreichende Profil- oder Ein-schnitttiefe besaß	§ 36 Absatz 3 Satz 3 bis 5 § 31d Absatz 4 Satz 1 § 69a Absatz 3 Nummer 1c, 8	60 €	1 Punkt
213	Als Halter die Inbetriebnahme eines Kraftfahr-zeugs (außer Mofa) oder Anhängers angeordnet oder zugelassen, dessen Reifen keine aus-reichenden Profil-rillen oder Ein-schnitte oder keine ausreichende Profil- oder Ein-schnitttiefe besaß	§ 31 Absatz 2 i. V. m. § 36 Absatz 3 Satz 3 bis 5 § 31d Absatz 4 Satz 1 § 69a Absatz 5 Nummer 3	75 €	1 Punkt

6

Lfd. Nr.	Tatbestand	Straßen-verkehrs-Zulassungs-Ordnung (StVZO)	Regelsatz in Euro (€), Fahrverbot in Monaten	Punkte nach dem BT-Kat-OWi
213a	Als Halter die Inbetriebnahme eines Kraftfahr-zeugs bei Glatteis, Schneeglätte, Schneematsch, Eis- oder Reifglätte angeordnet oder zugelassen, dessen Bereifung, die in § 36 Absatz 4 oder Absatz 4a StVZO beschriebenen Eigenschaften nicht erfüllt, wenn das Kraftfahrzeug gemäß § 2 Absatz 3a StVO bei Glatteis, Schnee-glätte, Schnee-matsch, Eis- oder Reifglätte nur mit solchen Reifen gefahren werden darf, die die in § 36 Absatz 4 StVZO beschriebenen Eigenschaften erfüllen	§ 31 Absatz 2 i. V. m. § 36 Absatz 4 und 4a § 69a Absatz 5 Nummer 3	75 €	1 Punkt
	Sonstige Pflichten für den verkehrssicheren Zustand des Fahrzeugs			
214	Kraftfahrzeug oder Kraftfahrzeug mit Anhänger in Betrieb genommen, das sich in einem Zustand befand, der die Verkehrssicherheit wesentlich beein-trächtigt	§ 30 Absatz 1 § 69a Absatz 3 Nummer 1		

Lfd. Nr.	Tatbestand	Straßen-verkehrs-Zulassungs-Ordnung (StVZO)	Regelsatz in Euro (€), Fahrverbot in Monaten	Punkte nach dem BT-Kat-OWi
	insbesondere unter Verstoß gegen eine Vorschrift über Lenkeinrichtungen, Bremsen, Ein-richtungen zur Verbindung von Fahrzeugen	§ 38 § 41 Absatz 1 bis 12, 15 Satz 1, 3, 4, Absatz 16, 17 § 43 Absatz 1 Satz 1 bis 3, Ab-satz 4 Satz 1, 3 § 69a Absatz 3 Nummer 3, 9, 13		
214.1	bei Lastkraftwagen oder Kraftomnibus-sen bzw. ihren Anhängern		180 €	1 Punkt
214.2	bei anderen als in Nummer 214.1 genannten Fahr-zeugen		90 €	1 Punkt
	Erlöschen der Betriebserlaubnis			
214a	Fahrzeug trotz erloschener Be-triebserlaubnis in Betrieb genommen und dadurch die Verkehrssicherheit wesentlich beein-trächtigt	§ 19 Absatz 5 Satz 1 § 69a Absatz 2 Nummer 1b		
214a.1	bei Lastkraftwagen oder Kraftomni-bussen		180 €	1 Punkt
214a.2	bei anderen als in Nummer 214a.1 genannten Fahr-zeugen		90 €	1 Punkt

6

Lfd. Nr.	Tatbestand	Straßen-verkehrs-Zulassungs-Ordnung (StVZO)	Regelsatz in Euro (€), Fahrverbot in Monaten	Punkte nach dem BT-Kat-OWi
214b	Fahrzeug trotz erloschener Betriebserlaubnis in Betrieb genommen und dadurch die Umwelt wesentlich beeinträchtigt	§ 19 Absatz 5 Satz 1 § 69a Absatz 2 Nummer 1a		
214b.1	bei Lastkraftwagen oder Kraftomnibussen		180 €	
214b.2	bei anderen als in Nummer 214b.1 genannten Fahrzeugen		90 €	
	Mitführen von Anhängern hinter Kraftrad oder Personenkraftwagen			
215	Kraftrad oder Personenkraftwagen unter Verstoß gegen eine Vorschrift über das Mitführen von Anhängern in Betrieb genommen	§ 42 Absatz 2 Satz 1 § 69a Absatz 3 Nummer 3	25 €	
	Einrichtungen zur Verbindung von Fahrzeugen			
216	Abschleppstange oder Abschleppseil nicht ausreichend erkennbar gemacht	§ 43 Absatz 3 Satz 2 § 69a Absatz 3 Nummer 3	5 €	
	Stützlast			
217	Kraftfahrzeug mit einem einachsigen Anhänger in Betrieb genommen, dessen zulässige Stützlast um mehr als 50 % über- oder unterschritten wurde	§ 44 Absatz 3 Satz 1 § 69a Absatz 3 Nummer 3	60 €	1 Punkt
(218)	(weggefallen)			

Lfd. Nr.	Tatbestand	Straßen-verkehrs-Zulassungs-Ordnung (StVZO)	Regelsatz in Euro (€), Fahrverbot in Monaten	Punkte nach dem BT-Kat-OWi
	Geräuschentwicklung und Schalldämpferanlage			
219	Kraftfahrzeug, dessen Schalldämpferanlage defekt war, in Betrieb genommen	§ 49 Absatz 1 § 69a Absatz 3 Nummer 17	20 €	
220	Weisung, den Schallpegel im Nahfeld feststellen zu lassen, nicht befolgt	§ 49 Absatz 4 Satz 1 § 69a Absatz 5 Nummer 5d	10 €	
	Lichttechnische Einrichtungen			
221	Kraftfahrzeug oder Anhänger in Betrieb genommen			
221.1	unter Verstoß gegen eine allgemeine Vorschrift über lichttechnische Einrichtungen	§ 49a Absatz 1 bis 4, 5 Satz 1, Absatz 6, 8, 9 Satz 2, Absatz 9a, 10 Satz 1 § 69a Absatz 3 Nummer 18	5 €	
221.2	unter Verstoß gegen das Verbot zum Anbringen anderer als vor-geschriebener oder für zulässig erklär-ter lichttechnischer Einrichtungen	§ 49a Absatz 1 Satz 1 § 69a Absatz 3 Nummer 18	20 €	
222	Kraftfahrzeug oder Anhänger in Betrieb genom-men unter Verstoß gegen eine Vor-schrift über			

6

Lfd. Nr.	Tatbestand	Straßen-verkehrs-Zulassungs-Ordnung (StVZO)	Regelsatz in Euro (€), Fahrverbot in Monaten	Punkte nach dem BT-Kat-OWi
222.1	Scheinwerfer für Fern- oder Abblend-licht	§ 50 Absatz 1, 2 Satz 1, 6 Halb-satz 2, Satz 7, Absatz 3 Satz 1, 2, Absatz 5, 6 Satz 1, 3, 4, 6, Absatz 6a Satz 2 bis 5, Absatz 9 § 69a Absatz 3 Nummer 18a	15 €	
222.2	Begrenzungs-leuchten oder vordere Richt-strahler	§ 51 Absatz 1 Satz 1, 4 bis 6, Absatz 2 Satz 1, 4, Absatz 3 § 69a Absatz 3 Nummer 18b	15 €	
222.3	seitliche Kenntlich-machung oder Umrissleuchten	§ 51a Absatz 1 Satz 1 bis 7, Absatz 3 Satz 1, Absatz 4 Satz 2, Absatz 6 Satz 1, Absatz 7 Satz 1, 3 § 51b Absatz 2 Satz 1, 3, Absatz 5, 6 § 69a Absatz 3 Nummer 18c	15 €	
222.4	zusätzliche Scheinwerfer oder Leuchten	§ 52 Absatz 1 Satz 2 bis 5, Absatz 2 Satz 2, 3, Absatz 5 Satz 2, Absatz 7 Satz 2, 4, Absatz 9 Satz 2 § 69a Absatz 3 Nummer 18e	15 €	

6

Lfd. Nr.	Tatbestand	Straßen-verkehrs-Zulassungs-Ordnung (StVZO)	Regelsatz in Euro (€), Fahrverbot in Monaten	Punkte nach dem BT-Kat-OWi
222.5	Schluss-, Nebel-schluss-, Brems-leuchten oder Rückstrahler	§ 53 Absatz 1 Satz 1, 3 bis 5, 7, Absatz 2 Satz 1, 2, 4 bis 6, Absatz 4 Satz 1 bis 4, 6, Absatz 5 Satz 1 bis 3, Absatz 6 Satz 2, Ab-satz 8, 9 Satz 1 § 53d Absatz 2, 3 § 69a Absatz 3 Nummer 18g, 19c	15 €	
222.6	Warndreieck, Warn-leuchte oder Warn-blinkanlage	§ 53a Absatz 1, 2 Satz 1, Absatz 3 Satz 2, Ab-satz 4, 5 § 69a Absatz 3 Nummer 19	15 €	
222.7	Ausrüstung oder Kenntlichmachung von Anbaugeräten oder Hublade-bühnen	§ 53b Absatz 1 Satz 1 bis 3, 4 Halbsatz 2, Absatz 2 Satz 1 bis 3, 4 Halb-satz 2, Absatz 3 Satz 1, Ab-satz 4, 5 § 69a Absatz 3 Nummer 19a	15 €	
	Arztschild			
222a	Bescheinigung zur Berechtigung der Führung des Schil-des „Arzt Notfall-einsatz" nicht mit-geführt oder zur Prüfung nicht ausgehändigt	§ 52 Absatz 6 Satz 3 § 69a Absatz 5 Nummer 5f	10 €	

6

Lfd. Nr.	Tatbestand	Straßen-verkehrs-Zulassungs-Ordnung (StVZO)	Regelsatz in Euro (€), Fahrverbot in Monaten	Punkte nach dem BT-Kat-OWi
	Geschwindigkeitsbegrenzer			
223	Kraftfahrzeug in Betrieb genommen, das nicht mit dem vorgeschriebenen Geschwindigkeits-begrenzer ausge-rüstet war, oder den Geschwindigkeits-begrenzer auf un-zulässige Geschwin-digkeit eingestellt oder nicht benutzt, auch wenn es sich um ein ausländi-sches Kfz handelt	§ 57c Absatz 2, 5 § 31d Absatz 3 § 69a Absatz 3 Nummer 1c, 25b	100 €	1 Punkt
224	Als Halter die Inbetriebnahme eines Kraftfahr-zeugs angeordnet oder zugelassen, das nicht mit dem vorgeschriebenen Geschwindigkeits-begrenzer ausgerüs-tet war oder dessen Geschwindigkeits-begrenzer auf eine unzulässige Ge-schwindigkeit eingestellt war oder nicht benutzt wurde	§ 31 Absatz 2 i.V.m. § 57c Absatz 2, 5 § 31d Absatz 3 § 69a Absatz 5 Nummer 3	150 €	1 Punkt
225	Als Halter den Geschwindigkeits-begrenzer in den vorgeschriebenen Fällen nicht prüfen lassen, wenn seit fällig gewordener Prüfung			

6

Lfd. Nr.	Tatbestand	Straßen-verkehrs-Zulassungs-Ordnung (StVZO)	Regelsatz in Euro (€), Fahrverbot in Monaten	Punkte nach dem BT-Kat-OWi
225.1	nicht mehr als ein Monat	§ 57d Absatz 2 Satz 1 § 69a Absatz 5 Nummer 6d	25 €	
225.2	mehr als ein Monat	§ 57d Absatz 2 Satz 1 § 69a Absatz 5 Nummer 6d	40 €	
	vergangen ist			
226	Bescheinigung über die Prüfung des Geschwindigkeits-begrenzers nicht mitgeführt oder auf Verlangen nicht ausgehändigt	§ 57d Absatz 2 Satz 3 § 69a Absatz 5 Nummer 6e	10 €	
(227)	(weggefallen)			
(228)	(weggefallen)			
	Einrichtungen an Fahrrädern			
229	Fahrrad unter Verstoß gegen eine Vorschrift über die Einrichtungen für Schallzeichen in Betrieb genommen	§ 64a § 69a Absatz 4 Nummer 4	15 €	
230	Fahrrad oder Fahr-radanhänger oder Fahrrad mit Bei-wagen unter Ver-stoß gegen eine Vorschrift über licht-technische Einrich-tungen im öffent-lichen Straßen-verkehr in Betrieb genommen	§ 67 § 67a § 69a Absatz 4 Nummer 8, 9	20 €	

6

Lfd. Nr.	Tatbestand	Straßen-verkehrs-Zulassungs-Ordnung (StVZO)	Regelsatz in Euro (€), Fahrverbot in Monaten	Punkte nach dem BT-Kat-OWi
	Ausnahmen			
231	Urkunde über eine Ausnahmegenehmi-gung nicht mitge-führt	§ 70 Absatz 3a Satz 1 § 69a Absatz 5 Nummer 7	10 €	
	Auflagen bei Ausnahmegenehmigungen			
232	Als Fahrzeugführer, ohne Halter zu sein, einer vollziehbaren Auflage einer Aus-nahmegenehmi-gung nicht nach-gekommen	§ 71 § 69a Absatz 5 Nummer 8	15 €	
233	Als Halter einer vollziehbaren Auf-lage einer Aus-nahmegenehmi-gung nicht nach-gekommen	§ 71 § 69a Absatz 5 Nummer 8	70 €	1 Punkt

Lfd. Nr.	Tatbestand	Elektrokleinst-fahrzeuge-Verordnung (eKFV)	Regelsatz in Euro (€), Fahrverbot in Monaten	Punkte nach dem BT-Kat-OWi
	e) Elektrokleinstfahrzeuge-Verordnung (eKFV)			
	Betriebsbeschränkungen			
234	Elektrokleinstfahr-zeug ohne die erforderliche All-gemeine Betriebs-erlaubnis oder Einzelbetriebs-erlaubnis auf öffentlichen Straßen in Betrieb gesetzt	§ 2 Absatz 1 Satz 1 Nummer 1 § 14 Nummer 1	70 €	

Lfd. Nr.	Tatbestand	Elektrokleinst-fahrzeuge-Verordnung (eKFV)	Regelsatz in Euro (€), Fahrverbot in Monaten	Punkte nach dem BT-Kat-OWi
234a	Die Inbetriebnahme eines Elektro-kleinstfahrzeugs ohne die erforder-liche Allgemeine Betriebserlaub-nis oder Einzel-betriebserlaubnis auf öffentlichen Straßen angeord-net oder zugelassen	§ 2 Absatz 4 i. V. m. Absatz 1 Satz 1 Nummer 1 § 14 Nummer 3	70 €	
235	Elektrokleinst-fahrzeug ohne gültige Versiche-rungsplakette auf öffentlichen Straßen in Betrieb gesetzt	§ 2 Absatz 1 Satz 1 Nummer 2 § 14 Nummer 1	40 €	
235a	Die Inbetriebnahme eines Elektro-kleinstfahrzeugs auf öffentlichen Straßen ohne die erforderliche Ver-sicherungsplakette angeordnet oder zugelassen	§ 2 Absatz 4 i. V. m. Absatz 1 Satz 1 Nummer 2 § 14 Nummer 3	40 €	
236	Elektrokleinst-fahrzeug trotz erloschener Be-triebserlaubnis auf öffentlichen Straßen in Betrieb gesetzt und da-durch die Verkehrs-sicherheit wesent-lich beeinträchtigt	§ 2 Absatz 3 Satz 2 i. V. m. Absatz 4 § 14 Nummer 1	30 €	

6

Lfd. Nr.	Tatbestand	Elektrokleinst-fahrzeuge-Verordnung (eKFV)	Regelsatz in Euro (€), Fahrverbot in Monaten	Punkte nach dem BT-Kat-OWi
236a	Die Inbetriebnahme eines Elektro-kleinstfahrzeugs auf öffentlichen Straßen trotz erloschener Betriebserlaubnis angeordnet oder zugelassen	§ 2 Absatz 4 § 14 Nummer 3	30 €	
237	Elektrokleinst-fahrzeug unter Verstoß gegen die Vorschriften über die Anforderungen an die lichttechnischen Einrichtungen im öffentlichen Straßenverkehr in Betrieb gesetzt	§ 2 Absatz 1 Nummer 4 Buchstabe b § 14 Nummer 1	20 €	
237a	Elektrokleinst-fahrzeug unter Verstoß gegen die Vorschriften über die Anforderungen an die Schalleinrichtung im öffentlichen Straßenverkehr in Betrieb gesetzt	§ 2 Absatz 1 Nummer 4 Buchstabe c § 14 Nummer 1	15 €	
237b	Elektrokleinst-fahrzeug unter Verstoß gegen die Vorschriften über die Anforderungen an die sonstigen Sicherheitsanforderungen im öffentlichen Straßenverkehr in Betrieb gesetzt	§ 2 Absatz 1 Nummer 4 Buchstabe d § 14 Nummer 1	25 €	

Lfd. Nr.	Tatbestand	Elektrokleinst-fahrzeuge-Verordnung (eKFV)	Regelsatz in Euro (€), Fahrverbot in Monaten	Punkte nach dem BT-Kat-OWi
	Verhaltensrechtliche Anforderungen			
238	Mit einem Elektro-kleinstfahrzeug eine nicht zulässige Verkehrsfläche befahren	§ 10 Absatz 1 Satz 1, Absatz 2 Satz 1 § 14 Nummer 5	15 €	
238.1	– mit Behinderung	§ 10 Absatz 1 Satz 1, Absatz 2 Satz 1 § 14 Nummer 5 § 1 Absatz 2 StVO § 49 Absatz 1 Nummer 1 StVO	20 €	
238.2	– mit Gefährdung		25 €	
238.3	– mit Sach-beschädigung		30 €	
238a	Mit einem Elektro-kleinstfahrzeug nebeneinander gefahren	§ 11 Absatz 1 § 14 Nummer 6	15 €	
238a.1	– mit Behinderung	§ 11 Absatz 1 § 14 Nummer 6 § 1 Absatz 2 StVO § 49 Absatz 1 Nummer 1 StVO	20 €	
238a.2	– mit Gefährdung		25 €	
238a.3	– mit Sach-beschädigung		30 €	

6

Lfd. Nr.	Tatbestand	Ferienreise-Verordnung	Regelsatz in Euro (€), Fahrverbot in Monaten	Punkte nach dem BT-Kat-OWi
	f) Ferienreise-Verordnung			
239	Kraftfahrzeug trotz eines Verkehrsverbots innerhalb der Verbotszeiten länger als 15 Minuten geführt	§ 1 § 5 Nummer 1	60 €	
240	Als Halter das Führen eines Kraftfahrzeugs trotz eines Verkehrsverbots innerhalb der Verbotszeiten länger als 15 Minuten zugelassen	§ 1 § 5 Nummer 1	150 €	
	B. Zuwiderhandlungen gegen §§ 24a, 24c StVG			
	0,5-Promille-Grenze			
241	Kraftfahrzeug geführt mit einer Atemalkoholkonzentration von 0,25 mg/l oder mehr oder mit einer Blutalkoholkonzentration von 0,5 Promille oder mehr oder mit einer Alkoholmenge im Körper, die zu einer solchen Atem- oder Blutalkoholkonzentration führt	§ 24a Absatz 1	500 € **Fahrverbot 1 Monat**	2 Punkte

6

Lfd. Nr.	Tatbestand	Ferienreise-Verordnung	Regelsatz in Euro (€), Fahrverbot in Monaten	Punkte nach dem BT-Kat-OWi
241.1	bei Eintragung von bereits einer Entscheidung nach § 24a StVG, § 316 oder § 315c Absatz 1 Nummer 1 Buchstabe a StGB im Fahreignungsregister		1000 € **Fahrverbot 3 Monate**	2 Punkte
241.2	bei Eintragung von bereits mehreren Entscheidungen nach § 24a StVG, § 316 oder § 315c Absatz 1 Nummer 1 Buchstabe a StGB im Fahreignungsregister		1500 € **Fahrverbot 3 Monat**	2 Punkte
	Berauschende Mittel			
242	Kraftfahrzeug unter Wirkung eines in der Anlage zu § 24a Absatz 2 StVG genannten berauschenden Mittels geführt	§ 24a Absatz 2 Satz 1 i. V. m. Absatz 3	500 € **Fahrverbot 1 Monat**	2 Punkte
242.1	bei Eintragung von bereits einer Entscheidung nach § 24a StVG, § 316 oder § 315c Absatz 1 Nummer 1 Buchstabe a StGB im Fahreignungsregister		1000 € **Fahrverbot 3 Monate**	2 Punkte

6

Lfd. Nr.	Tatbestand	Ferienreise-Verordnung	Regelsatz in Euro (€), Fahrverbot in Monaten	Punkte nach dem BT-Kat-OWi
242.2	bei Eintragung von bereits mehreren Entscheidungen nach § 24a StVG, § 316 oder § 315c Absatz 1 Nummer 1 Buchstabe a StGB im Fahreignungs-register		1500 € **Fahrverbot 3 Monate**	2 Punkte
	Alkoholverbot für Fahranfänger und Fahranfängerinnen			
243	In der Probezeit nach § 2a StVG oder vor Vollendung des 21. Lebensjahres als Führer eines Kraft-fahrzeugs alkoholi-sche Getränke zu sich genommen oder die Fahrt unter der Wirkung eines solchen Getränks angetreten	§ 24c Absatz 1, 2	250 €	1 Punkt

6

Abschnitt II Vorsätzlich begangene Ordnungswidrigkeiten

Lfd. Nr.	Tatbestand	StVO	Regelsatz in Euro (€), Fahrverbot in Monaten	Punkte nach dem BT-Kat-OWi
	Zuwiderhandlungen gegen § 24 Absatz 1 StVG			
	a) Straßenverkehrs-Ordnung			
	Bahnübergänge			
244	Beim Führen eines Kraftfahrzeugs Bahnübergang trotz geschlossener Schranke oder Halbschranke überquert	§ 19 Absatz 2 Satz 1 Nummer 3 § 49 Absatz 1 Nummer 19 Buchstabe a	700 € **Fahrverbot 3 Monate**	2 Punkte
245	Beim zu Fuß gehen, Rad fahren oder als andere nicht motorisierte am Verkehr teilnehmende Person Bahnübergang trotz geschlossener Schranke oder Halbschranke überquert	§ 19 Absatz 2 Satz 1 Nummer 3 § 49 Absatz 1 Nummer 19 Buchstabe a	350 €	1 Punkt
	Sonstige Pflichten von Fahrzeugführenden			
246	Elektronisches Gerät rechtswidrig benutzt	§ 23 Absatz 1a § 49 Absatz 1 Nummer 22		
246.1	beim Führen eines Fahrzeugs		100 €	1 Punkt
246.2	– mit Gefährdung	§ 23 Absatz 1a Satz 1, § 1 Absatz 2 § 49 Absatz 1 Nummer 1, 22	150 € **Fahrverbot 1 Monat**	2 Punkte
246.3	– mit Sachbeschädigung		200 € **Fahrverbot 1 Monat**	2 Punkte
246.4	beim Radfahren	§ 23 Absatz 1a Satz 1 § 49 Absatz 1 Nummer 22	55 €	

6

Lfd. Nr.	Tatbestand	StVO	Regelsatz in Euro (€), Fahrverbot in Monaten	Punkte nach dem BT-Kat-OWi
247	Beim Führen eines Kraftfahrzeugs verbotswidrig ein technisches Gerät zur Feststellung von Verkehrsüberwachungsmaßnahmen betrieben oder betriebsbereit mitgeführt	§ 23 Absatz 1c § 49 Absatz 1 Nummer 22	75 €	1 Punkt
247a	Beim Führen eines Kraftfahrzeugs Gesicht verdeckt oder verhüllt	§ 23 Absatz 4 Satz 1 § 49 Absatz 1 Nummer 22	60 €	
248 und 249	(weggefallen)			
Genehmigungs- oder Erlaubnisbescheid				
250	Genehmigungs- oder Erlaubnisbescheid auf Verlangen nicht ausgehändigt	§ 46 Absatz 3 Satz 3 § 49 Absatz 4 Nummer 5	10 €	
Verkehrseinrichtungen zum Schutz der Infrastruktur				
250a	Vorschriftsmäßig ein Verbot für Kraftwagen mit einem die Gesamtmasse beschränkenden Zusatzzeichen (Zeichen 251 mit Zusatzzeichen 1053-33) oder eine tatsächliche Höhenbeschränkung	§ 41 Absatz 1 i. V. m. Anlage 2 lfd. Nr. 27 Spalte 3, lfd. Nr. 29 (Zeichen 251) Spalte 3, lfd. Nr. zu 36 bis 40, lfd. Nr. 39 (Zeichen 265)	500 € **Fahrverbot 2 Monate**	

Lfd. Nr.	Tatbestand	StVO	Regelsatz in Euro (€), Fahrverbot in Monaten	Punkte nach dem BT-Kat-OWi
	(Zeichen 265) nicht beachtet, wobei die Straßenfläche zusätzlich durch Verkehrseinrichtungen (Anlage 4 lfd. Nr. 1 bis 4 zu § 43 Absatz 3) gekennzeichnet ist.	§ 43 Absatz 3 Satz 2 § 49 Absatz 3 Nummer 4, 6		

Lfd. Nr.	Tatbestand	FeV	Regelsatz in Euro (€), Fahrverbot in Monaten	Punkte nach dem BT-Kat-OWi
	b) Fahrerlaubnis-Verordnung			
	Aushändigen von Führerscheinen und Bescheinigungen			
251	Führerschein, Bescheinigung oder die Übersetzung des ausländischen Führerscheins auf Verlangen nicht ausgehändigt	§ 4 Absatz 2 Satz 2, 3 § 5 Absatz 4 Satz 2, 3 § 48 Absatz 3 Satz 2 § 48a Absatz 3 Satz 2 § 74 Absatz 4 Satz 2 § 75 Nummer 4 § 75 Nummer 13	10 €	
251a	Beim begleiteten Fahren ab 17 Jahren ein Kraftfahrzeug der Klasse B oder BE ohne Begleitung geführt	§ 48a Absatz 2 Satz 1 § 75 Nummer 15	70 €	1 Punkt

6

Lfd. Nr.	Tatbestand	FZV	Regelsatz in Euro (€), Fahrverbot in Monaten	Punkte nach dem BT-Kat-OWi
	c) Fahrzeug-Zulassungsverordnung			
	Aushändigen von Fahrzeugpapieren			
252	Die Zulassungs-bescheinigung Teil I oder sonstige Bescheinigung auf Verlangen nicht ausgehändigt	§ 4 Absatz 5 Satz 1 § 11 Absatz 6 § 26 Absatz 1 Satz 6 § 48 Nummer 5	10 €	
	Betriebsverbot und Beschränkungen			
253	Einem Verbot, ein Fahrzeug in Betrieb zu setzen, zuwider-gehandelt oder Beschränkung nicht beachtet	§ 5 Absatz 1 § 48 Nummer 7	70 €	1 Punkt

Lfd. Nr.	Tatbestand	StVZO	Regelsatz in Euro (€), Fahrverbot in Monaten	Punkte nach dem BT-Kat-OWi
	d) Straßenverkehrs-Zulassungs-Ordnung			
	Erlöschen der Betriebserlaubnis			
253a	Änderungen am Fahrzeug vor-genommen oder vornehmen lassen, die zum Erlöschen der Betriebserlaub-nis führen	§ 19 Absatz 2 Satz 3 § 69a Absatz 2 Nummer 1a		
253a.1	– als Hersteller oder Importeur		800 €	
253a.2	– als Gewerbe-treibender		400 €	

Lfd. Nr.	Tatbestand	StVZO	Regelsatz in Euro (€), Fahrverbot in Monaten	Punkte nach dem BT-Kat-OWi
	Achslast, Gesamtgewicht, Anhängelast hinter Kraftfahrzeugen			
254	Gegen die Pflicht zur Feststellung der zugelassenen Achslasten oder Gesamtgewichte oder gegen Vorschriften über das Um- oder Entladen bei Überlastung verstoßen	§ 31c Satz 1, 4 Halbsatz 2 § 69a Absatz 5 Nummer 4c	50 €	
	Ausnahmen			
255	Urkunde über eine Ausnahmegenehmigung auf Verlangen nicht ausgehändigt	§ 70 Absatz 3a Satz 1 § 69a Absatz 5 Nummer 7	10 €	

6

Anhang Tabelle 1 Geschwindigkeitsüberschreitungen

a) Kraftfahrzeuge der in § 3 Absatz 3 Nummer 2 Buchstaben a oder b StVO genannten Art

Lfd. Nr.	Überschreitung in km/h	Regelsatz in Euro bei Begehung		Punkte nach dem BT-Kat-OWi
		innerhalb	außerhalb	
		geschlossener Ortschaften (außer bei Überschreitung für mehr als 5 Minuten Dauer oder in mehr als zwei Fällen nach Fahrtantritt)		
11.1.1	bis 10	40	30	
11.1.2	11–15	60	50	

Die nachfolgenden Regelsätze und Fahrverbote gelten auch für die Über-schreitung der festgesetzten Höchstgeschwindigkeit bei Sichtweite unter 50 m durch Nebel, Schneefall oder Regen nach Nummer 9.1 der Anlage.

Lfd. Nr.	Überschrei-tung in km/h	Regelsatz in Euro bei Begehung		Fahrverbote in Monaten bei Begehung		Punkte nach dem BT-Kat-OWi bei Begehung	
		inner-halb	außer-halb	inner-halb	außer-halb	inner-halb	außer-halb
		geschlossener Ortschaften		geschlossener Ortschaften		geschlossener Ortschaften	
11.1.3	bis 15 für mehr als 5 Mi-nuten Dauer oder in mehr als zwei Fäl-len nach Fahrt-antritt	160	140	–	–	–	–
11.1.4	16–20	160	140	–	–	1 Punkt	1 Punkt
11.1.5	21–25	175	150	–	–	1 Punkt	1 Punkt
11.1.6	26–30	235	175	1 Monat	–	2 Punkte	1 Punkt

Lfd. Nr.	Über-schrei-tung in km/h	Regelsatz in Euro bei Begehung		Fahrverbote in Monaten bei Begehung		Punkte nach dem BT-Kat-OWi bei Begehung	
		inner-halb	außer-halb	inner-halb	außer-halb	inner-halb	außer-halb
		geschlossener Ortschaften		geschlossener Ortschaften		geschlossener Ortschaften	
11.1.7	31–40	340	255	1 Monat	1 Monat	2 Punkte	2 Punkte
11.1.8	41–50	560	480	2 Monate	1 Monat	2 Punkte	2 Punkte
11.1.9	51–60	700	600	3 Monate	2 Monate	2 Punkte	2 Punkte
11.1.10	über 60	800	700	3 Monate	3 Monate	2 Punkte	2 Punkte

b) kennzeichnungspflichtige Kraftfahrzeuge der in Buchstabe a genannten Art mit gefährlichen Gütern oder Kraftomnibusse mit Fahrgästen

Lfd. Nr.	Überschreitung in km/h	Regelsatz in Euro bei Begehung		Punkte nach dem BT-Kat-OWi
		innerhalb	außerhalb	
		geschlossener Ortschaften (außer bei Überschreitung für mehr als 5 Minuten Dauer oder in mehr als zwei Fällen nach Fahrtantritt)		
11.2.1	bis 10	70	60	

Die nachfolgenden Regelsätze und Fahrverbote gelten auch für die Überschreitung der festgesetzten Höchstgeschwindigkeit bei Sichtweite unter 50 m durch Nebel, Schneefall oder Regen nach Nummer 9.2 der Anlage.

Lfd. Nr.	Überschreitung in km/h	Regelsatz in Euro bei Begehung		Punkte nach dem BT-Kat-OWi
		innerhalb	außerhalb	
		geschlossener Ortschaften (außer bei Überschreitung für mehr als 5 Minuten Dauer oder in mehr als zwei Fällen nach Fahrtantritt)		
11.2.2	11–15	120	70	1 Punkt

6

Lfd. Nr.	Über-schrei-tung in km/h	Regelsatz in Euro bei Begehung		Fahrverbote in Monaten bei Begehung		Punkte nach dem BT-Kat-OWi bei Begehung	
		inner-halb	außer-halb	inner-halb	außer-halb	inner-halb	außer-halb
		geschlossener Ortschaften		geschlossener Ortschaften		geschlossener Ortschaften	
11.2.3	bis 15 für mehr als 5 Mi-nuten Dauer oder in mehr als zwei Fäl-len nach Fahrt-antritt	320	240	–	–	1 Punkt	1 Punkt
11.2.4	16–20	320	240	–	–	1 Punkt	1 Punkt
11.2.5	21–25	360	280	1 Monat	–	2 Punkte	1 Punkt
11.2.6	26–30	480	400	1 Monat	1 Monat	2 Punkte	2 Punkte
11.2.7	31–40	640	560	2 Monate	1 Monat	2 Punkte	2 Punkte
11.2.8	41–50	800	700	3 Monate	2 Monate	2 Punkte	2 Punkte
11.2.9	51–60	900	800	3 Monate	3 Monate	2 Punkte	2 Punkte
11.2.10	über 60	950	900	3 Monate	3 Monate	2 Punkte	2 Punkte

c) andere als die in Buchstabe a oder b genannten Kraftfahrzeuge

Lfd. Nr.	Überschreitung in km/h	Regelsatz in Euro bei Begehung		Punkte nach dem BT-Kat-OWi
		innerhalb	außerhalb	
		geschlossener Ortschaften		
11.3.1	bis 10	30	20	
11.3.2	11–15	50	40	
11.3.3	16–20	70	60	

Die nachfolgenden Regelsätze und Fahrverbote gelten auch für die Überschreitung der festgesetzten Höchstgeschwindigkeit bei Sichtweite unter 50 m durch Nebel, Schneefall oder Regen nach Nummer 9.3 der Anlage.

Lfd. Nr.	Über-schrei-tung in km/h	Regelsatz in Euro bei Begehung		Fahrverbote in Monaten bei Begehung		Punkte nach dem BT-Kat-OWi bei Begehung	
		inner-halb	außer-halb	inner-halb	außer-halb	inner-halb	außer-halb
		geschlossener Ortschaften		geschlossener Ortschaften		geschlossener Ortschaften	
11.3.4	21–25	115	100	–	–	1 Punkt	1 Punkt
11.3.5	26–30	180	150	–	–	1 Punkt	1 Punkt
11.3.6	31–40	260	200	1 Monat	–	2 Punkte	1 Punkt
11.3.7	41–50	400	320	1 Monat	1 Monat	2 Punkte	2 Punkte
11.3.8	51–60	560	480	2 Monate	1 Monat	2 Punkte	2 Punkte
11.3.9	61–70	700	600	3 Monate	2 Monate	2 Punkte	2 Punkte
11.3.10	über 70	800	700	3 Monate	3 Monate	2 Punkte	2 Punkte

6

Anhang Tabelle 2 Nichteinhalten des Abstandes von einem vorausfahrenden Fahrzeug

Lfd. Nr.		Regelsatz in Euro	Fahrverbot	Punkte nach dem BT-Kat-OWi
	Der Abstand von einem vorausfahrenden Fahrzeug betrug in Metern			
12.5	a) bei einer Geschwindigkeit von mehr als 80 km/h			
12.5.1	weniger als 5/10 des halben Tachowertes	75		1 Punkt
12.5.2	weniger als 4/10 des halben Tachowertes	100		1 Punkt
12.5.3	weniger als 3/10 des halben Tachowertes	160		1 Punkt
12.5.4	weniger als 2/10 des halben Tachowertes	240		1 Punkt
12.5.5	weniger als 1/10 des halben Tachowertes	320		1 Punkt
12.6	b) bei einer Geschwindigkeit von mehr als 100 km/h			
12.6.1	weniger als 5/10 des halben Tachowertes	75		1 Punkt
12.6.2	weniger als 4/10 des halben Tachowertes	100	**Fahrverbot 1 Monat**	1 Punkt
12.6.3	weniger als 3/10 des halben Tachowertes	160	**Fahrverbot 2 Monate**	2 Punkte
12.6.4	weniger als 2/10 des halben Tachowertes	240	**Fahrverbot 3 Monate**	2 Punkte
12.6.5	weniger als 1/10 des halben Tachowertes	320		2 Punkte
12.7	c) bei einer Geschwindigkeit von mehr als 130 km/h			
12.7.1	weniger als 5/10 des halben Tachowertes	100		1 Punkt
12.7.2	weniger als 4/10 des halben Tachowertes	180		1 Punkt
12.7.3	weniger als 3/10 des halben Tachowertes	240	**Fahrverbot 1 Monat**	2 Punkte
12.7.4	weniger als 2/10 des halben Tachowertes	320	**Fahrverbot 2 Monate**	2 Punkte
12.7.5	weniger als 1/10 des halben Tachowertes	400	**Fahrverbot 3 Monate**	2 Punkte

6

Anhang Tabelle 3
Überschreiten der zulässigen Achslast oder des zulässigen
Gesamtgewichts von Kraftfahrzeugen, Anhängern, Fahrzeug-
kombinationen sowie der Anhängelast hinter Kraftfahrzeugen

a) bei Kraftfahrzeugen mit einem zulässigen Gesamtgewicht über 7,5 t sowie
   Kraftfahrzeugen mit Anhängern, deren zulässiges Gesamtgewicht 2 t
   übersteigt

Lfd. Nr.	Überschreitung in v. H.	Regelsatz in Euro	Punkte nach dem BT-Kat-OWi
198.1	**für Inbetriebnahme**		
198.1.1	2 bis 5	30	–
198.1.2	mehr als 5	80	1 Punkt
198.1.3	mehr als 10	110	1 Punkt
198.1.4	mehr als 15	140	1 Punkt
198.1.5	mehr als 20	190	1 Punkt
198.1.6	mehr als 25	285	1 Punkt
198.1.7	mehr als 30	380	1 Punkt
199.1	**für Anordnen oder Zulassen der Inbetriebnahme**		
199.1.1	2 bis 5	35	–
199.1.2	mehr als 5	140	1 Punkt
199.1.3	mehr als 10	235	1 Punkt
199.1.4	mehr als 15	285	1 Punkt
199.1.5	mehr als 20	380	1 Punkt
199.1.6	mehr als 25	425	1 Punkt

6

b) bei anderen Kraftfahrzeugen bis 7,5 t für Inbetriebnahme, Anordnen oder
   Zulassen der Inbetriebnahme

Lfd. Nr.	Überschreitung in v. H.	Regelsatz in Euro	Punkte nach dem BT-Kat-OWi
198.2.1 oder 199.2.1	mehr als 5 bis 10	10	–
198.2.2 oder 199.2.2	mehr als 10 bis 15	30	–
198.2.3 oder 199.2.3	mehr als 15 bis 20	35	–
198.2.4 oder 199.2.4	mehr als 20	95	1 Punkt
198.2.5 oder 199.2.5	mehr als 25	140	1 Punkt
198.2.6 oder 199.2.6	mehr als 30	235	1 Punkt

Anhang Tabelle 4
Erhöhung der Regelsätze bei Hinzutreten einer Gefährdung oder Sachbeschädigung

Die im Bußgeldkatalog bestimmten Regelsätze, die einen Betrag von mehr als 55 Euro vorsehen, erhöhen sich beim Hinzutreten einer Gefährdung oder Sachbeschädigung, soweit diese Merkmale nicht bereits im Grundtatbestand enthalten sind, wie folgt:

Bei einem Regelsatz für den Grundtatbestand von Euro	mit Gefährdung auf Euro	mit Sachbeschädigung auf Euro
60	75	90
70	85	105
75	90	110
80	100	120
90	110	135
95	115	140
100	120	145
110	135	165
120	145	175
130	160	195
135	165	200
140	170	205
150	180	220
160	195	235
165	200	240
180	220	265
190	230	280
200	240	290
210	255	310
235	285	345
240	290	350
250	300	360
270	325	390
280	340	410
285	345	415

Bei einem Regelsatz für den Grundtatbestand von Euro	mit Gefährdung auf Euro	mit Sachbeschädigung auf Euro
290	350	420
320	385	465
350	420	505
360	435	525
380	460	555
400	480	580
405	490	590
425	510	615
440	530	640
480	580	700
500	600	720
560	675	810
570	685	825
600	720	865
635	765	920
680	820	985
700	840	1000
760	915	1000

6

Enthält der Grundtatbestand bereits eine Gefährdung, führt Sachbeschädigung zu folgender Erhöhung:

Bei einem Regelsatz für den Grundtatbestand von Euro	mit Sachbeschädigung auf Euro
60	75
70	85
75	90
80	100
100	120
150	180

Zusätzliche Konsequenzen bei Verstößen während der Probezeit

Während der zweijährigen Probezeit nach Erwerb der Fahrerlaubnis hat sich der Fahranfänger besonders zu beweisen dahingehend, dass er keine Mängel in seiner Einstellung zum Straßenverkehr und im verkehrssicheren Verhalten zeigt, vgl. § 2a Abs. 7 StVG.

> → Bei begangenen Verkehrsverstößen während der Probezeit gibt es **zusätzlich** zur Sanktionierung nach den Regelsätzen der BKatV Konsequenzen für den Fahranfänger (vgl. *Strohmayer*, in: Allgemeines Straßenverkehrsrecht, § 25 StVG Rn. 123).

Damit soll sichergestellt werden, dass etwaige Eignungsmängel zum Führen eines Kraftfahrzeugs noch zu Beginn durch Aufbauseminare behoben werden (vgl. Begründung zum Gesetzentwurf v. 5. 12. 1985, BT-Drs. 10/4490).

Rechtsfolgen während der Probezeit

→ Anordnung von Aufbauseminaren
→ Verlängerung der Probezeit um zwei Jahre
→ Entzug der Fahrerlaubnis

Welche Konsequenz angeordnet wird, hängt davon ab, welcher Kategorie der Verkehrsverstoß zuzuordnen ist: **A-Delikte** sind schwerwiegende, **B-Verstöße** weniger schwerwiegende Straßenverkehrsdelikte[4].

Während B-Delikte erst bei wiederholter Begehung mit einem Aufbauseminar und der Probezeitverlängerung um zwei Jahre diszipliniert werden, folgt dies schon bei einmaliger

---

[4]   Diese Unterscheidung hat ihren Ursprung in Anlage 12 zur FeV: in Abschnitt A werden die schwerwiegenden und in Abschnitt B die weniger schwerwiegenden Zuwiderhandlungen aufgeführt.

Begehung von Straßenverkehrsordnungswidrigkeiten der Kategorie A, § 2a Abs. 2 Nr. 1 und Abs. 2a StVO.

Gleiches gilt für die nachdrückliche Empfehlung einer verkehrspsychologischen Beratung bei Verstößen während der Probezeitverlängerung, § 2a Abs. 2 Nr. 2 und Abs. 7 StVO.

Zum Entzug der Fahrerlaubnis kommt es, wenn innerhalb der verlängerten Probezeit in kurzer Zeit ein erneuter A-Verstoß bzw. zwei weitere B-Verstöße begangen werden, § 2a Abs. 2 Nr. 3 StVO.

> **Anmerkung:** Verlängerung der Probezeit und Anordnung eines besonderen Aufbauseminars erfolgen bei **Verstoß gegen die 0,0 Promille-Grenze**, da dies eine Ordnungswidrigkeit nach § 24c StVO darstellt.

6

Ausgewählte Bußgeldkataloge bei Verstößen des Fahrpersonals

Im Folgenden werden der Vollständigkeit wegen exemplarisch 2 Bußgeldkataloge des Länderausschusses für Arbeitsschutz und Sicherheitstechnik (LASI) dargestellt[5].

Zur Erinnerung: Diese entfalten keine rechtliche Wirkung. Sie dienen lediglich den Behörden als Anhaltspunkt, um möglichst bundeseinheitliche Bußgelder festzulegen.

Buß- und Verwarnungsgeldkatalog für Verstöße gegen die Verordnung (EU) Nr. 165/2014
– Auszug –

Verordnung (EU) Nr. 165/2014				
Fahrpersonal F			**Unternehmer U**	
Lfd. Nr.	Ordnungswidrig nach **§ 8 Absatz 1 Nr. 2 Buchstabe b Fahrpersonalgesetz** handelt, wer	FPersV	Ordnungswidrig nach **§ 8 Absatz 1 Nr. 1 Buchstabe b Fahrpersonalgesetz** handelt, wer	FPersV
Verstöße gegen die Vorschriften betreffend den Einbau, die Benutzung, die Prüfung und die Kontrolle von Fahrtenschreibern				
301	einen Fahrtenschreiber nicht benutzt.	**§ 23 Absatz 2 Nr. 1**	nicht für die Benutzung des Fahrtenschreibers sorgt.	**§ 23 Absatz 1 Nr. 1**
	Je 24-Stunden-Zeitraum	250,– €	Je 24-Stunden-Zeitraum	1.000,– €
	Artikel 3 Absatz 1		**Artikel 3 Absatz 1**	

---

[5] Zum Redaktionsschluss (2.12.2021) lagen dem Verlag die Buß- und Verwarnungsgeldkataloge zum Fahrpersonalrecht, Länderausschuss für Arbeitsschutz und Sicherheitstechnik, LASI-Veröffentlichung – LV 48, September 2018, 4. Auflage, vor. Abrufbar unter: https://lasi-info.com/publikationen/lasi-veroeffentlichungen?tx_ ikanoslasipublications_publications%5Baction%5D=show&tx_ ikanoslasipublications_publications%5Bcontroller%5D=Publication &tx_ikanoslasipublications_publications%5Bpublication%5D=36& cHash=e87e5f759ce50438b8d27de818e1fc9e (zuletzt aufgerufen am 2. 12. 2021).

Verordnung (EU) Nr. 165/2014				
Fahrpersonal F			**Unternehmer U**	
Lfd. Nr.	Ordnungswidrig nach **§ 8 Absatz 1 Nr. 2 Buchstabe b Fahrpersonalgesetz** handelt, wer	FPersV	Ordnungswidrig nach **§ 8 Absatz 1 Nr. 1 Buchstabe b Fahrpersonalgesetz** handelt, wer	FPersV
Verstöße gegen die Vorschriften betreffend den Einbau, die Benutzung, die Prüfung und die Kontrolle von Fahrtenschreibern				
301a			einen Fahrtenschreiber nicht einbaut. Je Fall **Artikel 3 Absatz 1**	**§ 23 Absatz 1 Nr. 1** 1.500,- €
302	eine andere[6], eine defekte oder eine ungültige Fahrerkarte benutzt. Je 24-Stunden-Zeitraum, wenn dadurch eine ▨ Kontrolle nicht möglich ist ▨ Kontrolle erschwert wird **Artikel 27 Absatz 2**	**§ 23 Absatz 2 Nr. 1** 250,- € 75,- €		
303	ohne Fahrerkarte die Fahrt länger als 15 Tage ohne Berechtigung fortsetzt. Je 24-Stunden-Zeitraum **Artikel 29 Absatz 5**	**§ 23 Absatz 2 Nr. 1b** 50,- €		

6

---

[6] Die Verwendung einer anderen Fahrerkarte wird nur dann als Ordnungswidrigkeit geahndet, wenn der Verstoß nicht als Straftat von der Staatsanwaltschaft verfolgt wird.

Verordnung (EU) Nr. 165/2014				
Fahrpersonal F			**Unternehmer U**	
Lfd. Nr.	Ordnungswidrig nach § 8 Absatz 1 Nr. 2 Buchstabe b Fahrpersonalgesetz handelt, wer	FPersV	Ordnungswidrig nach § 8 Absatz 1 Nr. 1 Buchstabe b Fahrpersonalgesetz handelt, wer	FPersV
Verstöße gegen die Vorschriften betreffend den Einbau, die Benutzung, die Prüfung und die Kontrolle von Fahrtenschreibern				
304	nicht für das einwandfreie Funktionieren des Fahrtenschreibers oder die ordnungsgemäße Benutzung des Fahrtenschreibers oder der Fahrerkarte oder des Schaublattes sorgt.	**§ 23 Absatz 2 Nr. 2**	nicht für das einwandfreie Funktionieren des Fahrtenschreibers oder die ordnungsgemäße Benutzung des Fahrtenschreibers oder der Fahrerkarte oder des Schaublattes sorgt.	**§ 23 Absatz 1 Nr. 2**
	Je 24-Stunden-Zeitraum	**250,– €**	Je 24-Stunden-Zeitraum	**750,– €**
	Artikel 32 Absatz 1		**Artikel 32 Absatz 1**	
305			das Fahrzeug mit mehr als nur einem einzigen Fahrtenschreiber ausrüstet.	**§ 23 Absatz 1 Nr. 2a**
			Je Fall	**10.000,– €**
			Artikel 32 Absatz 4	
306			eine ausreichende Anzahl Schaublätter nicht aushändigt.	**§ 23 Absatz 1 Nr. 3**
			Je angefangene Woche	**500,– €**
			Artikel 33 Absatz 1 Unterabsatz 2 Satz 1	
307			ein Schaublatt aushändigt, das sich für den eingebauten Fahrtenschreiber nicht eignet.	**§ 23 Absatz 1 Nr. 4**
			Je angefangene Woche	**500,– €**
			Artikel 33 Absatz 1 Unterabsatz 2 Satz 2	

6

Verordnung (EU) Nr. 165/2014				
Fahrpersonal F			**Unternehmer U**	
Lfd. Nr.	Ordnungswidrig nach **§ 8 Absatz 1 Nr. 2 Buchstabe b Fahrpersonalgesetz** handelt, wer	FPersV	Ordnungswidrig nach **§ 8 Absatz 1 Nr. 1 Buchstabe b Fahrpersonalgesetz** handelt, wer	FPersV
	Verstöße gegen die Vorschriften betreffend den Einbau, die Benutzung, die Prüfung und die Kontrolle von Fahrtenschreibern			
308	nicht dafür Sorge trägt, dass der genannte Ausdruck ordnungsgemäß erfolgen kann.	**§ 23 Absatz 2 Nr. 3**	nicht dafür Sorge trägt, dass im Falle der Kontrolle der genannte Ausdruck ordnungsgemäß erfolgen kann.	**§ 23 Absatz 1 Nr. 5**
	Der Ausdruck konnte nicht/nicht vollständig erstellt werden, die Daten konnten aber auf andere Weise beschafft werden.		Der Ausdruck konnte nicht/nicht vollständig erstellt werden, die Daten konnten aber auf andere Weise beschafft werden.	
	Je 24-Stunden-Zeitraum	5,– €	Je 24-Stunden-Zeitraum	15,– €
	Der Ausdruck konnte nicht erstellt werden, Kontrolle war nicht möglich.		Der Ausdruck konnte nicht erstellt werden, Kontrolle war nicht möglich.	
	Je 24-Stunden-Zeitraum	250,– €	Je 24-Stunden-Zeitraum	
	Artikel 33 Absatz 1 Unterabsatz 3		**Artikel 33 Absatz 1 Unterabsatz 3**	750,– €
309			ein Schaublatt oder einen Ausdruck nicht oder nicht in der vorgeschriebenen Weise aufbewahrt.	**§ 23 Absatz 1 Nr. 5a**
			Je 24-Stunden-Zeitraum	15,– €
			Kontrolle war nicht möglich.	750,– €
			Artikel 33 Absatz 2 Satz 1	

6

Verordnung (EU) Nr. 165/2014				
Fahrpersonal F			**Unternehmer U**	
Lfd. Nr.	Ordnungswidrig nach **§ 8 Absatz 1 Nr. 2 Buchstabe b Fahrpersonalgesetz** handelt, wer	FPersV	Ordnungswidrig nach **§ 8 Absatz 1 Nr. 1 Buchstabe b Fahrpersonalgesetz** handelt, wer	FPersV
	Verstöße gegen die Vorschriften betreffend den Einbau, die Benutzung, die Prüfung und die Kontrolle von Fahrtenschreibern			
310			Schaublätter, nicht oder nicht rechtzeitig vorlegt bzw. aushändigt.	**§ 23 Absatz 1 Nr. 6**
			Je 24-Stunden-Zeitraum	**750,– €**
			Artikel 33 Absatz 2 Satz 3	
311			eine Reparatur nicht rechtzeitig durchführen lässt.	**§ 23 Absatz 1 Nr. 7**
			Je 24-Stunden-Zeitraum	**250,– €**
			Artikel 37 Absatz 1 Unterabsatz 1	
312			eine Reparatur nicht oder nicht richtig durchführen lässt.	**§ 23 Absatz 1 Nr. 7**
			Je Fall	**1.000,– €**
			Artikel 37 Absatz 1 Unterabsatz 2	
313	kein Schaublatt oder keine Fahrerkarte benutzt oder nicht von Beginn an benutzt.	**§ 23 Absatz 2 Nr. 4**		
	Je 24-Stunden-Zeitraum	**250,– €**		
	Artikel 34 Absatz 1			

6

	Verordnung (EU) Nr. 165/2014			
	Fahrpersonal F		**Unternehmer U**	
Lfd. Nr.	Ordnungswidrig nach **§ 8 Absatz 1 Nr. 2 Buchstabe b Fahrpersonalgesetz** handelt, wer	FPersV	Ordnungswidrig nach **§ 8 Absatz 1 Nr. 1 Buchstabe b Fahrpersonalgesetz** handelt, wer	FPersV
	Verstöße gegen die Vorschriften betreffend den Einbau, die Benutzung, die Prüfung und die Kontrolle von Fahrtenschreibern			
314	ein Schaublatt oder eine Fahrerkarte vorzeitig entnimmt oder eine Fahrerkarte oder ein Schaublatt über den zulässigen Zeitraum hinaus verwendet. Je 24-Stunden-Zeitraum, wenn dadurch eine ▪ Kontrolle nicht möglich ist ▪ Kontrolle erschwert wird Aufzeichnungen sind aber zweifelsfrei auswertbar **Artikel 34 Absatz 1**	**§ 23 Absatz 2 Nr. 5; Nr. 6** 250,– € 75,– € <u>Verwarnungsgeld</u> 30,– €		
315	Eintragungen auf dem Schaublatt oder in dem Fahrtenschreiber für Zeiten, in denen sich der Fahrer nicht im Fahrzeug aufhält, nicht, nicht richtig, nicht vollständig oder nicht in der vorgeschriebenen Weise vornimmt.	**§ 23 Absatz 2 Nr. 7**		

6

Verordnung (EU) Nr. 165/2014				
Fahrpersonal F			**Unternehmer U**	
Lfd. Nr.	Ordnungswidrig nach **§ 8 Absatz 1 Nr. 2 Buchstabe b Fahrpersonalgesetz** handelt, wer	FPersV	Ordnungswidrig nach **§ 8 Absatz 1 Nr. 1 Buchstabe b Fahrpersonalgesetz** handelt, wer	FPersV
	Verstöße gegen die Vorschriften betreffend den Einbau, die Benutzung, die Prüfung und die Kontrolle von Fahrtenschreibern			
	Je 24-Stunden-Zeitraum, wenn dadurch eine			
	▨ Kontrolle nicht möglich ist	250,– €		
	▨ Kontrolle erschwert wird	75,– €		
	Artikel 34 Absatz 3			
316	auf den Schaublättern nicht die erforderlichen Änderungen vornimmt, wenn sich mehr als ein Fahrer im Fahrzeug befindet, so dass die in Anhang I Ziffer II Nummern 1 bis 3 genannten Angaben auf dem Schaublatt des Fahrers, der tatsächlich lenkt, aufgezeichnet werden.	**§ 23 Absatz 2 Nr. 7**		
	Je 24-Stunden-Zeitraum, wenn dadurch eine			
	▨ Kontrolle nicht möglich ist	250,– €		
	▨ Kontrolle erschwert wird	75,– €		

6

Verordnung (EU) Nr. 165/2014				
Fahrpersonal F			Unternehmer U	
Lfd. Nr.	Ordnungswidrig nach **§ 8 Absatz 1 Nr. 2 Buchstabe b Fahrpersonalgesetz** handelt, wer	FPersV	Ordnungswidrig nach **§ 8 Absatz 1 Nr. 1 Buchstabe b Fahrpersonalgesetz** handelt, wer	FPersV
Verstöße gegen die Vorschriften betreffend den Einbau, die Benutzung, die Prüfung und die Kontrolle von Fahrtenschreibern				
	Aufzeichnungen sind aber zweifelsfrei auswertbar **Artikel 34 Absatz 4 Unterabsatz 2**	<u>**Verwarnungsgeld**</u> 30,– €		
317	nicht sicherstellt, dass die Fahrerkarte im richtigen Steckplatz eingeschoben ist. Je 24-Stunden-Zeitraum, wenn dadurch eine	**§ 23 Absatz 2 Nr. 8**		
	▨ Kontrolle nicht möglich ist	250,– €		
	▨ Kontrolle erschwert wird	75,– €		
	Aufzeichnungen sind aber zweifelsfrei auswertbar **Artikel 34 Absatz 4 Unterabsatz 1**	<u>**Verwarnungsgeld**</u> 30,– €		
318	nicht darauf achtet, dass die Zeitmarkierung auf dem Schaublatt mit der gesetzlichen Zeit des Landes übereinstimmt, in dem das Fahrzeug zugelassen ist,	**§ 23 Absatz 2 Nr. 9; Nr. 10**		

6

Verordnung (EU) Nr. 165/2014				
Fahrpersonal F			**Unternehmer U**	
Lfd. Nr.	Ordnungswidrig nach **§ 8 Absatz 1 Nr. 2 Buchstabe b Fahrpersonalgesetz** handelt, wer	FPersV	Ordnungswidrig nach **§ 8 Absatz 1 Nr. 1 Buchstabe b Fahrpersonalgesetz** handelt, wer	FPersV
	Verstöße gegen die Vorschriften betreffend den Einbau, die Benutzung, die Prüfung und die Kontrolle von Fahrtenschreibern			
	oder die Schaltvorrichtung des Fahrtenschreibers nicht, nicht richtig oder nicht zu Beginn der in Artikel 34 Absatz 5 Buchstabe b Ziffern ii, iii und iv genannten Zeiten betätigt.			
	Je 24-Stunden-Zeitraum, wenn dadurch eine			
	▪ Kontrolle nicht möglich ist	250,– €		
	▪ Kontrolle erschwert wird	75,– €		
	Aufzeichnungen sind aber zweifelsfrei auswertbar	<u>Verwarnungsgeld</u> 30,– €		
	Artikel 34 Absatz 5			
319	Schaublätter nicht, nicht richtig, nicht vollständig oder nicht rechtzeitig beschriftet.	**§ 23 Absatz 2 Nr. 7, Nr. 11**		
	Je 24-Stunden-Zeitraum, wenn dadurch eine			
	▪ Kontrolle nicht möglich ist	250,– €		
	▪ Kontrolle erschwert wird	75,– €		

6

Verordnung (EU) Nr. 165/2014				
Fahrpersonal F			**Unternehmer U**	
Lfd. Nr.	Ordnungswidrig nach **§ 8 Absatz 1 Nr. 2 Buchstabe b Fahrpersonalgesetz** handelt, wer	FPersV	Ordnungswidrig nach **§ 8 Absatz 1 Nr. 1 Buchstabe b Fahrpersonalgesetz** handelt, wer	FPersV
Verstöße gegen die Vorschriften betreffend den Einbau, die Benutzung, die Prüfung und die Kontrolle von Fahrtenschreibern				
	Aufzeichnungen sind aber zweifelsfrei auswertbar **Artikel 34 Absatz 6**	<u>Verwarnungsgeld 30,– €</u>		
320	ein Symbol nicht, nicht richtig oder nicht rechtzeitig in den Fahrtenschreiber eingibt. Je 24-Stunden-Zeitraum **Artikel 34 Absatz 7**	**§ 23 Absatz 2 Nr. 12** 75,– €		
321	einen Ausdruck nicht oder nicht rechtzeitig fertigt oder eine dort genannte Angabe oder eine dort genannte Zeit nicht, nicht richtig, nicht vollständig oder nicht rechtzeitig einträgt oder eine Unterschrift nicht oder nicht rechtzeitig anbringt. Je 24-Stunden-Zeitraum, wenn dadurch eine ▪ Kontrolle nicht möglich ist ▪ Kontrolle erschwert wird **Artikel 35 Absatz 2**	**§ 23 Absatz 2 Nr. 13** 250,– € 75,– €		

6

Verordnung (EU) Nr. 165/2014				
Fahrpersonal F			**Unternehmer U**	
Lfd. Nr.	Ordnungswidrig nach **§ 8 Absatz 1 Nr. 2 Buchstabe b Fahrpersonalgesetz** handelt, wer	FPersV	Ordnungswidrig nach **§ 8 Absatz 1 Nr. 1 Buchstabe b Fahrpersonalgesetz** handelt, wer	FPersV
	Verstöße gegen die Vorschriften betreffend den Einbau, die Benutzung, die Prüfung und die Kontrolle von Fahrtenschreibern			
322	ein Schaublatt, die Fahrerkarte, einen Ausdruck oder eine handschriftliche Aufzeichnung nicht oder nicht rechtzeitig vorlegt. Je 24-Stunden-Zeitraum, wenn dadurch eine	**§ 23 Absatz 2 Nr. 14**		
	▪ Kontrolle nicht möglich ist	250,– €		
	▪ Kontrolle erschwert wird	75,– €		
	Artikel 36 Absatz 1 oder 2			
323	bei Betriebsstörung des Fahrtenschreibers die vorgeschriebenen Eintragungen nicht, nicht richtig, nicht vollständig oder nicht für die vorgeschriebene Dauer macht. Je 24-Stunden-Zeitraum, wenn dadurch eine	**§ 23 Absatz 2 Nr. 15**		
	▪ Kontrolle nicht möglich ist	250,– €		
	▪ Kontrolle erschwert wird	75,– €		
	Artikel 37 Absatz 2			

6

Verordnung (EU) Nr. 165/2014			
Fahrpersonal F		**Unternehmer U**	
Lfd. Nr.	Ordnungswidrig nach **§ 8 Absatz 1 Nr. 2 Buchstabe b Fahrpersonalgesetz** handelt, wer	FPersV	Ordnungswidrig nach **§ 8 Absatz 1 Nr. 1 Buchstabe b Fahrpersonalgesetz** handelt, wer	FPersV
Verstöße gegen die Vorschriften betreffend den Einbau, die Benutzung, die Prüfung und die Kontrolle von Fahrtenschreibern				
324	die auf dem Schaublatt aufgezeichneten Daten oder die im Fahrtenschreiber und/oder auf der Fahrerkarte gespeicherten oder von diesen heruntergeladenen Daten verfälscht, verschleiert, unterdrückt oder vernichtet.	**§ 23 Absatz 4**	die auf dem Schaublatt aufgezeichneten Daten oder die im Fahrtenschreiber und/oder auf der Fahrerkarte gespeicherten oder von diesen heruntergeladenen Daten verfälscht, verschleiert, unterdrückt oder vernichtet.	**§ 23 Absatz 4**
	Je 24-Stunden-Zeitraum	250,– €	Je 24-Stunden-Zeitraum	1.000,– €
	Artikel 32 Absatz 3		**Artikel 32 Absatz 3**	
325	eine Einrichtung, durch die die Aufzeichnungen des Fahrtenschreibers verändert werden können, im Fahrzeug bereithält oder verwendet.	**§ 23 Absatz 4**	eine Einrichtung, durch die die Aufzeichnungen des Fahrtenschreibers verändert werden können, im Fahrzeug bereithält oder verwendet.	**§ 23 Absatz 4**
	Je Fall	3.000,– €	Je Fall	15.000,– €
	Artikel 32 Absatz 3		**Artikel 32 Absatz 3**	

6

Buß- und Verwarnungsgeldkatalog für Verstöße gegen das AETR[7]

– Auszug –

	AETR				
	Fahrpersonal F			**Unternehmer U**	
Lfd. Nr.	Ordnungswidrig nach **§ 8 Absatz 1 Nr. 2 Buchstabe b Fahrpersonalgesetz** handelt, wer	FPersV	Ordnungswidrig nach **§ 8 Absatz 1 Nr. 1 Buchstabe b Fahrpersonalgesetz** handelt, wer	FPersV	
	Anforderungen an das Fahrpersonal				
601	ein Fahrzeug, vor Erreichen des Mindestalters oder ohne den erforderlichen Anforderungen zu genügen, lenkt.	**§ 22 Absatz 2 Nr. 1**	einen Fahrer, vor Erreichen des Mindestalters oder ohne den erforderlichen Anforderungen zu genügen, einsetzt.	**§ 22 Absatz 1 Nr. 1**	
	Je angefangenem 24-Stunden-Zeitraum	50,- €	Je angefangenem 24-Stunden-Zeitraum	50,- €	
	Artikel 5		**Artikel 5**		
	Verstöße gegen die Vorschriften über Lenkzeiten, Ruhezeiten und Unterbrechungen				
602	die zulässige **tägliche Lenkzeit von 9 Stunden** nicht einhält.	**§ 22 Absatz 2 Nr. 2**	nicht für dafür sorgt, dass die zulässige **tägliche Lenkzeit von 9 Stunden** eingehalten wird.	**§ 22 Absatz 1 Nr. 2**	
	Bei Überschreiten bis zu 60 Minuten	<u>Verwarnungsgeld</u> 30,- €			
	Bei Überschreiten von mehr als einer Stunde bis zu 2 Stunden je angefangene ½ Stunde	30,- €	Bei Überschreiten bis zu 2 Stunden und je angefangene ½ Stunde	90,- €	

---

[7] Gesetz zur Vierten, Fünften und Sechsten Änderung des Europäischen Übereinkommens vom 1. Juli 1970 über die Arbeit des im internationalen Straßenverkehr beschäftigten Fahrpersonals (AETR) vom 2. November 2011 (BGBl. Teil II Nr. 29 S. 1095 ff.)

AETR				
Fahrpersonal F			**Unternehmer U**	
Lfd. Nr.	Ordnungswidrig nach **§ 8 Absatz 1 Nr. 2 Buchstabe b Fahrpersonalgesetz** handelt, wer	FPersV	Ordnungswidrig nach **§ 8 Absatz 1 Nr. 1 Buchstabe b Fahrpersonalgesetz** handelt, wer	FPersV
Verstöße gegen die Vorschriften über Lenkzeiten, Ruhezeiten und Unterbrechungen				
	Bei Überschreiten von mehr als 2 Stunden je angefangene ½ Stunde **Artikel 6 Absatz 1 Satz 1**	60,- €	Bei Überschreiten von mehr als 2 Stunden je angefangene ½ Stunde **Artikel 11 Absatz 1 i. V.m. Artikel 6 Absatz 1 Satz 1**	180,- €
603	die zulässige **tägliche Lenkzeit von 10 Stunden** nicht einhält. Bei Überschreiten bis zu 30 Minuten	§ 22 Absatz 2 Nr. 2 <u>Verwarnungsgeld 30,- €</u>	nicht für dafür sorgt, dass die zulässige **tägliche Lenkzeit von 10 Stunden** eingehalten wird.	§ 22 Absatz 1 Nr. 2
	Bei Überschreiten von mehr als ½ Stunde bis zu 2 Stunden je angefangene ½ Stunde	30,- €	Bei Überschreiten bis zu 2 Stunden je angefangene ½ Stunde	90,- €
	Bei Überschreiten von mehr als 2 Stunden je angefangene ½ Stunde **Artikel 6 Absatz 1 Satz 2**	60,- €	Bei Überschreiten von mehr als 2 Stunden je angefangene ½ Stunde **Artikel 11 Absatz 1 i. V. m. Artikel 6 Absatz 1 Satz 2**	180,- €
604	die wöchentliche Lenkzeit von 56 Stunden nicht einhält[8].	§ 22 Absatz 2 Nr. 2	nicht dafür sorgt, dass die wöchentliche Lenkzeit von 56 Stunden eingehalten wird.	§ 22 Absatz 1 Nr. 2

---

[8] Hinweis: 60 Stunden Arbeitszeit dürfen nicht überschritten werden, vgl. § 21a ArbZG, vgl. LV 60.

AETR				
Fahrpersonal F			**Unternehmer U**	
Lfd. Nr.	Ordnungswidrig nach **§ 8 Absatz 1 Nr. 2 Buchstabe b Fahrpersonalgesetz** handelt, wer	FPersV	Ordnungswidrig nach **§ 8 Absatz 1 Nr. 1 Buchstabe b Fahrpersonalgesetz** handelt, wer	FPersV
	Verstöße gegen die Vorschriften über Lenkzeiten, Ruhezeiten und Unterbrechungen			
	Bei Überschreiten bis zu 2 Stunden	<u>Verwarnungsgeld</u> 30,– €		
	Bei einer wöchentlichen Lenkzeit von 58 bis 67 Stunden je angefangene Stunde	30,– €	Bei einer wöchentlichen Lenkzeit bis zu 67 Stunden je angefangene Stunde	90,– €
	Bei mehr als 67 Stunden je angefangene Stunde	60,– €	Bei mehr als 67 Stunden je angefangene Stunde	180,– €
	Artikel 6 Absatz 2		**Artikel 11 Absatz 1 i. V. m. Artikel 6 Absatz 2**	
605	die wöchentliche Ruhezeit im grenzüberschreitenden Personenverkehr für einen einzelnen Gelegenheitsdienst erst nach mehr als 12 aufeinander folgenden 24-Stunden-Zeiträumen einlegt.	§ 22 Absatz 2 Nr. 2		
	Bei Überschreiten je angefangenem 24-Stunden-Zeitraum	100,– €		
	Artikel 8 Absatz 6			
606	die Gesamtlenkzeit während zweier aufeinander folgenden Wochen nicht einhält.	§ 22 Absatz 2 Nr. 2	nicht dafür sorgt, dass die Gesamtlenkzeit während zweier aufeinander folgen-	§ 22 Absatz 1 Nr. 2

6

AETR				
Fahrpersonal F			**Unternehmer U**	
Lfd. Nr.	Ordnungswidrig nach **§ 8 Absatz 1 Nr. 2 Buchstabe b Fahrpersonalgesetz** handelt, wer	FPersV	Ordnungswidrig nach **§ 8 Absatz 1 Nr. 1 Buchstabe b Fahrpersonalgesetz** handelt, wer	FPersV
	Verstöße gegen die Vorschriften über Lenkzeiten, Ruhezeiten und Unterbrechungen			
			den Wochen eingehalten wird.	
	Bei Überschreiten bis zu 2 Stunden	<u>Verwarnungsgeld</u> 30,– €		
	Bei einer Gesamtlenkzeit von **mehr als 92 bis 108 Stunden** je angefangene Stunde	30,– €	Bei einer Gesamtlenkzeit **bis zu 108 Stunden** je angefangene Stunde	90,– €
	Bei **mehr als 108 Stunden** je angefangene Stunde	60,– €	Bei **mehr als 108 Stunden** je angefangene Stunde	180,– €
	Artikel 6 Absatz 3		**Artikel 11 Absatz 1 i. V. m. Artikel 6 Absatz 3**	
607	die Bestimmungen über die Fahrtunterbrechungen nicht einhält. Die Lenkdauer wurde nicht zum vorgeschriebenen Zeitpunkt unterbrochen.	§ 22 Absatz 2 Nr. 2	nicht dafür sorgt, dass die Bestimmungen über die Fahrtunterbrechungen eingehalten werden. Die Lenkdauer wurde nicht zum vorgeschriebenen Zeitpunkt unterbrochen.	§ 22 Absatz 1 Nr. 2
	Bei Überschreiten bis zu 60 Minuten	<u>Verwarnungsgeld</u> 30,– €	Bei Überschreiten bis zu 1 Stunde und je angefangene weitere ½ Stunde	90,– €
	Bei Überschreiten bis zu 1 Stunde und je angefangene weitere ½ Stunde	30,– €	**Artikel 11 Absatz 1 i. V. m. Artikel 7 Absatz 1**	
	Artikel 7 Absatz 1			

6

6

AETR				
Fahrpersonal F			**Unternehmer U**	
Lfd. Nr.	Ordnungswidrig nach **§ 8 Absatz 1 Nr. 2 Buchstabe b Fahrpersonalgesetz** handelt, wer	FPersV	Ordnungswidrig nach **§ 8 Absatz 1 Nr. 1 Buchstabe b Fahrpersonalgesetz** handelt, wer	FPersV
	Verstöße gegen die Vorschriften über Lenkzeiten, Ruhezeiten und Unterbrechungen			
608	die Bestimmungen über die Fahrtunterbrechungen nicht einhält. Die Lenkdauer wurde nicht in der vorgeschriebenen Dauer unterbrochen.	**§ 22 Absatz 2 Nr. 2**	nicht dafür sorgt, dass die Bestimmungen über die Fahrtunterbrechungen eingehalten werden. Die Lenkdauer wurde nicht in der vorgeschriebenen Dauer unterbrochen.	**§ 22 Absatz 1 Nr. 2**
	Bei Unterschreiten bis zu 15 Minuten	**Verwarnungsgeld** 30,– €	Bei Unterschreiten bis zu 15 Minuten	90,– €
	Bei Unterschreiten von mehr als 15 Minuten und je angefangene weitere ¼ Stunde **Artikel 7 Absatz 1**	60,– €	Bei Unterschreiten von mehr als 15 Minuten und je angefangene weitere ¼ Stunde **Artikel 11 Absatz 1 i. V. m. Artikel 7 Absatz 1**	180,– €
609	die Bestimmungen über die täglichen Ruhezeiten in einem 24- oder 30-Stunden-Zeitraum nicht einhält.	**§ 22 Absatz 2 Nr. 2**	nicht dafür sorgt, dass die Bestimmungen über die täglichen Ruhezeiten in einem 24- oder 30-Stunden-Zeitraum eingehalten werden.	**§ 22 Absatz 1 Nr. 2**
	Bei Unterschreiten bis zu 1 Stunde	**Verwarnungsgeld** 30,– €		
	Bei Unterschreiten bis zu 3 Stunden je angefangene Stunde	30,– €	Bei Unterschreiten bis zu 3 Stunden je angefangene Stunde	90,– €

AETR				
Fahrpersonal F			**Unternehmer U**	
Lfd. Nr.	Ordnungswidrig nach § 8 Absatz 1 **Nr. 2 Buchstabe b Fahrpersonalgesetz** handelt, wer	FPersV	Ordnungswidrig nach § 8 Absatz 1 **Nr. 1 Buchstabe b Fahrpersonalgesetz** handelt, wer	FPersV
Verstöße gegen die Vorschriften über Lenkzeiten, Ruhezeiten und Unterbrechungen				
	Bei Unterschreiten von mehr als 3 Stunden je angefangene Stunde **Artikel 8 Absatz 1, 2 oder 3**	60,- €	Bei Unterschreiten von mehr als 3 Stunden je angefangene Stunde **Artikel 11 Absatz 1 i. V. m. Artikel 8 Absatz 1, 2 oder 3**	180,- €
610	die wöchentliche Ruhezeit nicht zum vorgeschriebenen Zeitpunkt einlegt.	§ 22 Absatz 2 Nr. 2	den Fahrbetrieb nicht so einrichtet, dass die Bestimmungen über die wöchentliche Ruhezeit eingehalten werden. Die wöchentliche Ruhezeit wurde nicht zum vorgeschriebenen Zeitpunkt eingelegt.	§ 22 Absatz 1 Nr. 2
	Bei Überschreiten je angefangenem 24-Stunden-Zeitraum **Artikel 8 Absatz 6**	60,- €	Bei Überschreiten je angefangenem 24-Stunden-Zeitraum **Artikel 11 Absatz 1 i. V. m. Artikel 8 Absatz 6 i. V. m. Artikel 1 Buchstabe o**	180,- €
611	die vorgeschriebene Mindestdauer der regelmäßigen wöchentlichen Ruhezeit nicht einhält. Bei Unterschreiten bis zu 1 Stunde	§ 22 Absatz 2 Nr.2 <u>Verwarnungsgeld</u> 30,- €	den Fahrbetrieb nicht so einrichtet, dass die Bestimmungen über die wöchentliche Ruhezeit eingehalten werden. Die vorgeschriebene Mindestdauer der wöchentlichen Ruhezeit wurde nicht eingehalten.	§ 22 Absatz 1 Nr. 2

6

AETR				
Fahrpersonal F			**Unternehmer U**	
Lfd. Nr.	Ordnungswidrig nach **§ 8 Absatz 1 Nr. 2 Buchstabe b Fahrpersonalgesetz** handelt, wer	FPersV	Ordnungswidrig nach **§ 8 Absatz 1 Nr. 1 Buchstabe b Fahrpersonalgesetz** handelt, wer	FPersV
	**Verstöße gegen die Vorschriften über Lenkzeiten, Ruhezeiten und Unterbrechungen**			
	Bei Unterschreiten bis zu 9 Stunden je angefangener Stunde	30,- €	Bei Unterschreiten bis zu 9 Stunden je angefangener Stunde	90,- €
	Bei Unterschreiten von mehr als 9 Stunden je angefangener Stunde	60,- €	Bei Unterschreiten von mehr als 9 Stunden je angefangener Stunde	180,- €
	Artikel 8 Absatz 1 und 3		**Artikel 11 Absatz 1 i. V. m. Artikel 8 Absatz 2 und 3**	
612	die vorgeschriebene Mindestdauer der reduzierten wöchentlichen Ruhezeit nicht einhält.	**§ 22 Absatz 2 Nr. 2**	nicht dafür sorgt, dass die vorgeschriebene Mindestdauer der reduzierten wöchentlichen Ruhezeit eingehalten wird.	**§ 22 Absatz 1 Nr. 2**
	Bei Unterschreiten bis zu 1 Stunde	<u>**Verwarnungsgeld**</u> 30,- €		
	Bei Unterschreiten bis zu 5 Stunden je angefangener Stunde	30,- €	Bei Unterschreiten bis zu 5 Stunden je angefangener Stunde	90,- €
	Bei Unterschreiten von mehr als 5 Stunden je angefangener Stunde	60,- €	Bei Unterschreiten von mehr als 5 Stunden je angefangener Stunde	180,- €
	Artikel 8 Absatz 2		**Artikel 8 Absatz 2**	
613	die Bestimmungen über die Einhaltung der Ruhezeiten in zwei aufeinander	**§ 22 Absatz 2 Nr. 1**	nicht dafür sorgt, dass die Bestimmungen über die Einhaltung der Ruhezeiten	**§ 22 Absatz 1 Nr. 2**

	AETR			
	Fahrpersonal F		**Unternehmer U**	
Lfd. Nr.	Ordnungswidrig nach **§ 8 Absatz 1 Nr. 2 Buchstabe b Fahrpersonalgesetz** handelt, wer	FPersV	Ordnungswidrig nach **§ 8 Absatz 1 Nr. 1 Buchstabe b Fahrpersonalgesetz** handelt, wer	FPersV
	Verstöße gegen die Vorschriften über Lenkzeiten, Ruhezeiten und Unterbrechungen			
	folgenden Wochen nicht einhält.		in zwei aufeinander folgenden Wochen eingehalten werden.	
	Bei Unterschreiten bis zu einer Stunde	<u>Verwarnungsgeld</u> 30,- €		
	Bei Unterschreiten bis zu 1 Stunde und je angefangene weitere Stunde	30,- €	Bei Unterschreiten bis zu 1 Stunde und je angefangene weitere Stunde	90,- €
	Artikel 8 Absatz 2		**Artikel 8 Absatz 2**	
614	den Ausgleich für eine verkürzte Ruhezeit nicht mit einer anderen Ruhezeit von 9 Stunden verbindet.	§ 22 **Absatz 2 Nr. 2**	den Fahrbetrieb nicht so einrichtet, dass der Ausgleich für eine verkürzte Ruhezeit mit einer anderen Ruhezeit von 9 Stunden verbunden werden kann.	§ 22 **Absatz 1 Nr. 2**
	Bei Unterschreiten bis zu 1 Stunde	<u>Verwarnungsgeld</u> 30,- €		
	Bei Unterschreiten bis zu 1 Stunde und je angefangene weitere Stunde	30,- €	Bei Unterschreiten bis zu 1 Stunde und je angefangene weitere Stunde	90,- €
	Artikel 8 Absatz 7		**Artikel 11 Absatz 1 i. V. m. Artikel 8 Absatz 7**	
615	die Bestimmungen über die Ruhezeit im kombinierten Güterverkehr nicht einhält.	§ 22 **Absatz 2 Nr. 2**		

6

AETR				
Fahrpersonal F			**Unternehmer U**	
Lfd. Nr.	Ordnungswidrig nach **§ 8 Absatz 1 Nr. 2 Buchstabe b Fahrpersonalgesetz** handelt, wer	FPersV	Ordnungswidrig nach **§ 8 Absatz 1 Nr. 1 Buchstabe b Fahrpersonalgesetz** handelt, wer	FPersV
	Verstöße gegen die Vorschriften über Lenkzeiten, Ruhezeiten und Unterbrechungen			
	Bei Unterschreiten bis zu 1 Stunde und je angefangener weiteren Stunde **Artikel 8bis**	30,– €		
616	Art oder Grund einer Abweichung von den Bestimmungen nicht oder nicht rechtzeitig vermerkt. Je 24-Stunden-Zeitraum **Artikel 9 Satz 2**	**§ 22 Absatz 2 Nr. 4** **50,– €**		
617			einen festgestellten Verstoß gegen das Übereinkommen nicht oder nicht rechtzeitig abstellt oder eine dort genannte Maßnahme nicht oder nicht rechtzeitig trifft. Je 24-Stunden-Zeitraum **Artikel 11 Absatz 2 Satz 2**	**§ 22 Absatz 1 Nr. 3** **150,– €**

Fundstellen von A bis Z

Über das Fundstellenverzeichnis von A bis Z gelangen Sie direkt zur jeweiligen **Tatbestandsnummer des BKat.**

7

7

7